Obtención de imágenes para proyectos gráficos

José Marcos Rubio

ic editorial

Obtención de imágenes para proyectos gráficos
© José Marcos Rubio

1ª Edición

© IC Editorial, 2024

Editado por: IC Editorial
c/ Cueva de Viera, 2, Local 3
Centro Negocios CADI
29200 Antequera (Málaga)
Teléfono: 952 70 60 04
Fax: 952 84 55 03
Correo electrónico: iceditorial@iceditorial.com
Internet: www.iceditorial.com

ISBN: 978-84-1184-492-5
Depósito Legal: MA-2771-2024

Impresión: PODiPrint
Impreso en Andalucía – España

Nota de la editorial: IC Editorial pertenece a Innovación y Cualificación S. L.

Presentación del manual

El **Certificado de Profesionalidad** es el instrumento de acreditación, en el ámbito de la Administración laboral, de las cualificaciones profesionales del Catálogo Nacional de Cualificaciones Profesionales adquiridas a través de procesos formativos o del proceso de reconocimiento de la experiencia laboral y de vías no formales de formación.

El elemento mínimo acreditable es la **Unidad de Competencia.** La suma de las acreditaciones de las unidades de competencia conforma la acreditación de la competencia general.

Una **Unidad de Competencia** se define como una agrupación de tareas productivas específica que realiza el profesional. Las diferentes unidades de competencia de un certificado de profesionalidad conforman la **Competencia General,** definiendo el conjunto de conocimientos y capacidades que permiten el ejercicio de una actividad profesional determinada.

Cada **Unidad de Competencia** lleva asociado un **Módulo Formativo,** donde se describe la formación necesaria para adquirir esa **Unidad de Competencia,** pudiendo dividirse en **Unidades Formativas.**

El presente manual desarrolla la Unidad Formativa **UF1457: Obtención de imágenes para proyectos gráficos,**

perteneciente al Módulo Formativo **MF0697_3: Edición creativa de imágenes y diseño de elementos gráficos,**

asociado a la unidad de competencia **UC0697_3: Tratar imágenes y crear elementos gráficos con los parámetros de gestión del color adecuados,**

del Certificado de Profesionalidad **Diseño de productos gráficos.**

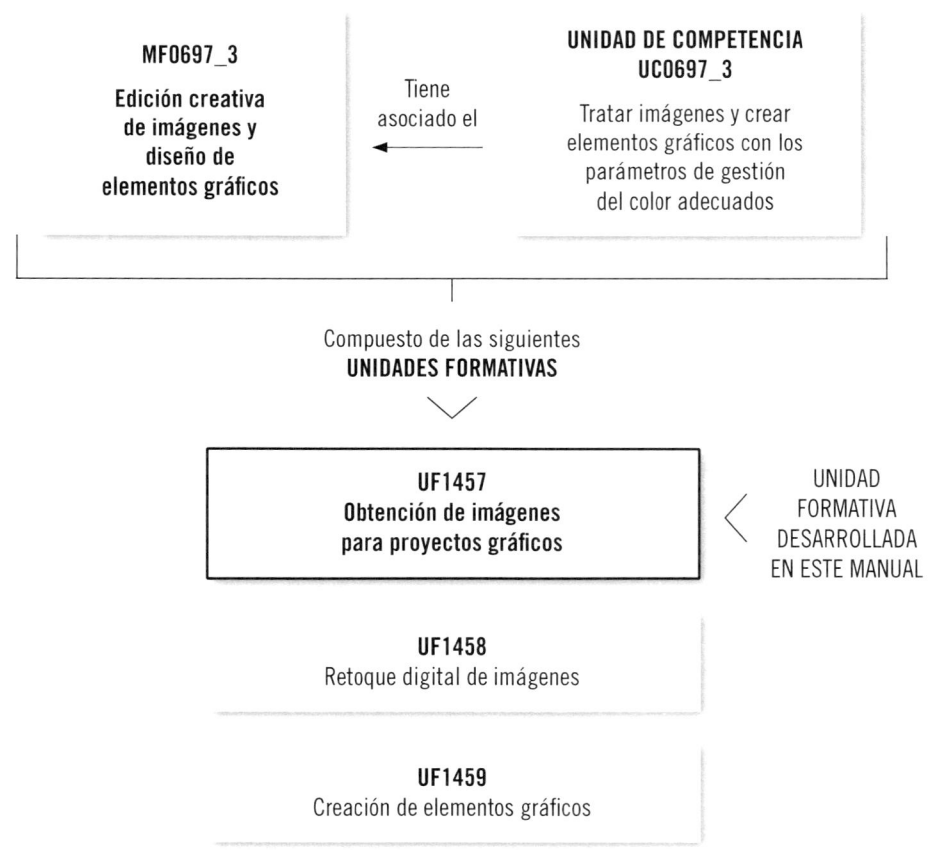

FICHA DE CERTIFICADO DE PROFESIONALIDAD

(ARG0110) DISEÑO DE PRODUCTOS GRÁFICOS (R. D. 1520/2011, de 31 de octubre)

COMPETENCIA GENERAL: Desarrollar proyectos gráficos a partir de las especificaciones iniciales del producto; elaborando bocetos, seleccionando y adecuando color, imágenes y fuentes tipográficas; creando elementos gráficos, maquetas y artes finales; utilizando herramientas informáticas; realizando presupuestos en función de las características del proyecto y verificando la calidad del producto terminado.

Cualificación profesional de referencia		Unidades de competencia	Ocupaciones o puestos de trabajo relacionados:
ARG219_3 DISEÑO DE PRODUCTOS GRÁFICOS (R. D. 1228/2006, de 27 de octubre)	UC0696_3	Desarrollar proyectos de productos gráficos	• Diseñador gráfico • Grafista • Maquetista • Arte finalista
	UC0697_3	Tratar imágenes y crear elementos gráficos con los parámetros de gestión del color adecuados	
	UC0698_3	Componer elementos gráficos, imágenes y textos según la teoría de la arquitectura tipográfica y la maquetación	
	UC0699_3	Preparar y verificar artes finales para su distribución	

Correspondencia con el Catálogo Modular de Formación Profesional

Módulos certificado	Unidades formativas	Horas
MF0696_3: Proyecto de productos gráficos	UF1455: Preparación de proyectos de diseño gráfico	50
	UF1456: Desarrollo de bocetos de proyectos gráficos	90
MF0697_3: Edición creativa de imágenes y diseño de elementos gráficos	UF1457: Obtención de imágenes para proyectos gráficos	40
	UF1458: Retoque digital de imágenes	70
	UF1459: Creación de elementos gráficos	50
MF0698_3: Arquitectura tipográfica y maquetación	UF1460: Composición de textos en productos gráficos	90
	UF1461: Maquetación de productos editoriales	50
	UF1462: Elaboración del arte final	60
MF0699_3: Preparación de artes finales	UF1463: Arte final multimedia y e-book	30
	UF1464: Calidad del producto gráfico	30
MP0312: Módulo de prácticas profesionales no laborales		40

Índice

Capítulo 1
Selección de imágenes

1. Introducción   7
2. Características de las imágenes   7
3. Tipos de imágenes. Fotografías / ilustración   22
4. Resumen   36
   Ejercicios de repaso y autoevaluación   37

Capítulo 2
Obtención de imágenes para proyectos de diseño gráfico

1. Introducción   43
2. Obtención por fotografía   43
3. Escaneado   68
4. Obtención de imágenes en banco de imágenes   77
5. Resumen   83
   Ejercicios de repaso y autoevaluación   85

Capítulo 3
Creación y manipulación de imágenes

1. Introducción   91
2. *Collage*   91
3. Reutilización de imágenes   93
4. Fotomontaje   95
5. Ilustración   96
6. Realización de ilustraciones por técnicas manuales/infográficas   99
7. Programas de creación de imagen vectorial   101
8. Programas de creación de imagen por mapa de bits   106
9. Resumen   110
   Ejercicios de repaso y autoevaluación   113

Capítulo 4
Gestión de la propiedad intelectual en imágenes

1. Introducción   119
2. Normativa de aplicación   119
3. Cómo registrar las imágenes propias   123
4. Derechos de reproducción y uso   126
5. Derechos de manipulación   131
6. *Creative Commons*   133
7. Resumen   135
   Ejercicios de repaso y autoevaluación   137

Bibliografía   141

Capítulo 1

Selección de imágenes

Contenido

1. Introducción
2. Características de las imágenes
3. Tipos de imágenes. Fotografías / ilustración
4. Resumen

1. Introducción

En el mundo del diseño gráfico, la selección de imágenes es una tarea fundamental que define la calidad y el impacto visual de un producto gráfico. Sea cual sea la naturaleza del proyecto que se vaya a realizar, las imágenes deben adecuarse perfectamente a las exigencias del proyecto, para dar como resultado un producto óptimo.

En este caso, se deberá atender a características tanto visuales como técnicas. Desde el tipo de imagen que se va a seleccionar (ilustración o fotografía), pasando por sus características técnicas (resolución, formato, color, etc.), hasta las características estéticas (composición, equilibrio, mensaje que transmitir, etc.).

Un buen diseñador gráfico debe conocer todas estas características para elegir las imágenes más acertadas para cada proyecto.

2. Características de las imágenes

Para realizar una selección adecuada de imágenes, es necesario comprender las características técnicas, visuales, estéticas y semánticas de estas. Aquí se incluyen:

- **Tamaño de la imagen.** El tamaño de una imagen se refiere a sus dimensiones en píxeles, que representan la cantidad de puntos individuales que componen la imagen. Se expresa como un valor ancho x alto, por ejemplo, 1.920 x 1.080 píxeles.

- **Unidades de medida:**

    - **Píxeles (px):** es la unidad de medida más común para el tamaño de las imágenes digitales. Cuantos más píxeles tenga una imagen, mayor será su resolución y, por lo tanto, mayor será su nivel de detalle.
    - **Pulgadas (in):** son una unidad de medida que se utiliza para definir el tamaño físico de una imagen impresa. Una pulgada equivale a 2,54 cm.

- **Centímetros (cm)**: son la unidad de medida del sistema métrico decimal y se utilizan comúnmente para definir el tamaño físico de una imagen impresa.

- **Resolución de la imagen.** La resolución de una imagen es en esencia la cantidad de píxeles que contiene una imagen por unidad de medida, en general pulgadas o centímetros. Cuantos más píxeles haya por unidad de medida, mayor será la cantidad de información de la que se compone la imagen. Esto se traduce en mayor nivel de detalle y nitidez.

- **Relación entre tamaño y resolución:**

  - **Mayor tamaño:** permite una mayor resolución, pero también aumenta el tamaño del archivo de imagen.
  - **Menor tamaño:** disminuye la resolución y la calidad de la imagen, pero reduce el tamaño del archivo.

- **Importancia del tamaño y la resolución.** La elección del tamaño y la resolución adecuados para una imagen depende del uso que se haya previsto darle. Algunos aspectos que considerar son:

  - **Visualización en pantalla:** para imágenes que se visualizarán en pantallas (como sitios web o presentaciones), una resolución de 72 ppp suele ser suficiente.
  - **Impresión:** para imágenes que se imprimirán, se recomienda una resolución de 300 ppp o superior para obtener una calidad óptima.

- **Edición de imágenes.** Si se planea editar la imagen, se recomienda elegir un tamaño y una resolución que permitan realizar los cambios deseados sin perder calidad.

Para una buena elección de imágenes, lo más fácil es escoger aquellas que tengan una resolución alta, para reducirlas si se hace necesario. Cuanto más grande sea la imagen, más resolución necesitará. Se debe tener en cuenta también que, si la imagen se ve de cerca, necesitará una resolución más alta. Se utilizará un *software* de edición de imágenes, como por ejemplo *Photoshop*, para ajustar la resolución de las imágenes.

Nota

Recomendaciones para elegir el tamaño y la resolución de la imagen:

1. Hay que tener en cuenta el uso previsto de la imagen.
2. Se equilibrará la calidad con el tamaño del archivo.
3. Si no se tiene seguridad, se optará por una resolución más alta.
4. Se puede reducir la resolución sin perder demasiada calidad, pero no aumentar la resolución sin perder información.

Actividades

1. Imagine que debe seleccionar las imágenes más adecuadas para un folletc sobre un festival que promocione la ciudad en la que se celebra.

   Considerando las características técnicas de las imágenes (tamaño, resolución), ¿qué tamaño y resolución serían los más adecuados para las imágenes del folleto? Se debe tener en cuenta que se distribuirá tanto en formato físico como digital.

2.1. Características técnicas

A la hora de elegir imágenes, conocer las características del proyecto al que van referidas se hace de vital importancia. Gracias a este conocimiento se puede discernir entre el tipo de imágenes que se necesita y el que no.

Para este cometido, se tiene en cuenta si las imágenes deben ser de mapa de bits o vectoriales, y sobre todo, conocer el espacio de color en el que se utilizarán.

Formatos de archivos de imagen

Para elegir el formato adecuado para un proyecto de diseño gráfico es necesario conocer los diferentes formatos de archivo, sus diferencias y ventajas.

Antes de sumergirse en los formatos específicos, es fundamental comprender la distinción fundamental entre imágenes rasterizadas y vectoriales.

Las **imágenes mapa de bits,** también llamadas imágenes rasterizadas, están compuestas por una cuadrícula rectangular de píxeles individuales, como pequeñas piezas de mosaico que forman la imagen completa. Cada píxel tiene asignado un color, y combinando estos se consigue formar una imagen completa.

La calidad de estas imágenes dependerá de su resolución, o lo que es lo mismo, de la cantidad de píxeles que la compongan. Si tiene mayor resolución, mayor es la cantidad de detalles y de calidad de la imagen. Esto repercute en el tamaño del archivo, que será mayor si más píxeles tiene. Son ideales para fotografías, edición de estas, diseño web, etc.

Se pueden editar en programas como *Photoshop*, aunque hay que tener en cuenta que al editarlas la calidad puede verse afectada, sobre todo si se aumenta o disminuye su tamaño.

Una característica importante es que es compatible con todos los dispositivos y programas. En contraposición, el tamaño de algunos archivos puede ser un impedimento o dificultad para el almacenamiento o a la hora de compartirlos. Al aumentar su tamaño, los píxeles se agrandan, por lo que se puede ver la típica fotografía pixelada.

Las **imágenes vectoriales** están formadas por objetos geométricos, líneas, curvas, definidos por ecuaciones matemáticas. No dependen de una cuadrícula de píxeles y, por lo tanto, no tienen una resolución fija, como pasaba con las de mapa de bits.

Esto se traduce en que pueden escalarse sin perder calidad. Por este motivo es ideal usarlas en logotipos y diseños en los que necesiten diferentes tamaños.

Los archivos son así, de mucho menor tamaño, sobre todo cuando hay grandes áreas sólidas o planas de color. A la vez, son imágenes que presentan líneas bien definidas y bordes nítidos, independientemente del tamaño al que se presenten.

Nota

Para editarlas se necesita un *software* específico, como puede ser *Adobe Illustrator*. Por ello para editarlas es necesario un aprendizaje o un mayor conocimiento.

Su compatibilidad también es alta, ya que muchos dispositivos y programas son compatibles.

Aplicación práctica

Marco ha conseguido un nuevo empleo en una empresa que trabaja de manera externa para el ayuntamiento de su ciudad. El ayuntamiento quiere promocionar la ciudad y le encargan elaborar un folleto para dar publicidad a los monumentos más importantes de la ciudad, su gastronomía, paisajes, cultura, etc.

Ayude a Marco a seleccionar las imágenes más adecuadas para ese folleto turístico.

SOLUCIÓN

❚ Paso 1: Definir los requisitos técnicos

    ❚ Tamaño del folleto: A4 (210 x 297 mm)
    ❚ Público objetivo: turistas nacionales e internacionales

Continúa en página siguiente >>

<< Viene de página anterior

❚ Paso 2: Seleccionar imágenes de alta calidad

- **Resolución:** 300 ppp o superior
- **Formato:** PNG o JPEG (considerando la compatibilidad y el tamaño del archivo)
- **Variedad de imágenes:** paisajes, cultura, gastronomía, gente

❚ Paso 3: Considerar aspectos estéticos y semánticos

- **Coherencia visual:** las imágenes deben tener un estilo y una paleta de colores consistente con la identidad de la marca de la ciudad y el mensaje que se quiere transmitir.
- **Atracción visual:** las imágenes deben ser llamativas, interesantes.
- **Calidad emocional:** las imágenes deben evocar emociones positivas asociadas con la ciudad.
- **Relevancia cultural:** deben representar de manera auténtica la cultura y las tradiciones del sitio.

❚ Paso 4: Buscar imágenes en fuentes confiables

- **Bancos de imágenes gratuitos:** *Pexels, Pixabay, Unsplash*

❚ Paso 5: Editar y optimizar las imágenes

- **Ajustar el tamaño y la resolución:** hay que asegurarse de que las imágenes tengan el tamaño y la resolución adecuados para el folleto.
- **Edición básica:** se debe mejorar la iluminación, el contraste y el color de las imágenes si es necesario.

❚ Paso 6: Componer el diseño del folleto

- Utilizar un *software* de diseño gráfico: *Adobe InDesign, Canva, Scribus*
- **Crear un diseño atractivo y equilibrado:** distribuir las imágenes de manera que complementen el texto y la información del folleto.
- **Utilizar tipografías legibles y colores que armonicen con las imágenes.**

Espacio de color

Los espacios de color son un sistema que define cómo se van a representar los colores en una imagen digital. Se trata de una estructura matemática que ordena y codifica los colores de forma específica, lo que permite que diferentes dispositivos como pantallas o impresoras interpreten y reproduzcan esos colores.

Para verlo de forma más simple, hay que imaginar que el espacio de color es un lienzo vacío. En lugar de pinturas se tienen coordenadas que definen la ubicación de cada color. Cada espacio tiene su propio lienzo específico, con sus dimensiones y formas.

La importancia de los espacios de color reside en que permiten asegurar que los colores se vean lo más cerca posible a lo que se pretende, sea cual sea el dispositivo donde se muestre.

Hay espacios de color que ofrecen una gama de color más amplia que otros, por eso es necesario elegir el espacio de color más adecuado para cada proyecto.

Los **modelos de color** más comunes son:

- **RGB** *(red, green, blue):* es el modelo específico de las pantallas digitales. Combina los colores rojo, verde y azul para crear una amplia gama de colores. Es ideal para imágenes que se visualizarán en monitores, televisores y dispositivos móviles.
- **CMYK** *(cyan, magenta, yellow, key):* es un modelo utilizado principalmente para la impresión. Combina los colores cian, magenta amarillo y negro para crear una amplia gama de colores. También llamado cuatricromía en impresión.
- **Lab:** este espacio se centra en la percepción del color por parte del ojo humano, por lo que es útil para la edición y procesamiento de imágenes. Se basa en la luminosidad y tridimensionalidad. (L) (a) es el eje verde-rojo y (b) es el eje azul-amarillo.
  Lab ofrece un control preciso sobre la luminosidad y los tonos de color.
- **HSL:** son sus siglas que significan tono *(hue),* saturación *(saturation)* y luminosidad *(lightness).* Se basa en la representación circular del tono, facilitando el seleccionar colores vibrantes y crear paletas armoniosas. Se usa sobre todo en pintura digital e interfaces de usuario, por su simplicidad y facilidad de manejo.

Elegir el espacio de color es crucial para obtener los resultados deseados en los proyectos de diseño. Si se utiliza un espacio incorrecto, se pueden encontrar diversos **problemas** como:

1. **Colores descoloridos o inexactos:** los colores pueden verse diferentes en la pantalla que en impresión, o incluso en diferentes pantallas.
2. **Pérdida de detalles:** al convertir una imagen de un espacio de color a otro se puede perder información de color, lo que resulta en una imagen de menor calidad y detalles.

 Importante

Para imágenes que se visualizarán en pantallas, utilice el espacio RGB.
Para imágenes que se van a imprimir, utilice el espacio de color CMYK.
Para crear paletas de color, HSL.
Para trabajos con mayor precisión de color y control de luminosidad, Lab.

Espacios de color. RGB y CMYK. Colores primarios y mezcla de colores secundarios

Continúa en página siguiente >>

<< Viene de página anterior

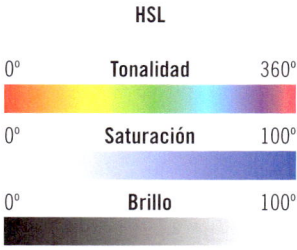

Espacio de color HSL

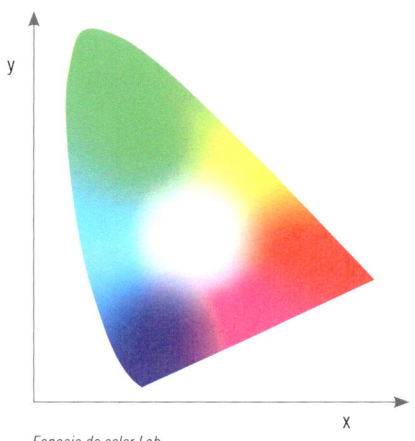

Espacio de color Lab

2.2. Características visuales y estéticas

Una vez conseguidas unas características técnicas adecuadas al proyecto en el que se va a trabajar, se necesitan otras de carácter estético. No todo vale, ya que se deberán tener en cuenta ciertas pautas para que las imágenes causen el efecto deseado. A continuación, se exponen algunas de ellas.

Composición

La composición es la distribución y organización de los elementos dentro de un diseño. Es fundamental para crear una imagen equilibrada, atractiva y que transmita el mensaje que se desea. Los **principios básicos de la composición** son los siguientes:

- **Equilibrio:** es la distribución de los elementos de forma armónica, para evitar que la imagen se vea inestable o pesada. Una de las formas de lograr esto es la simetría. Para ello se coloca un eje en el medio de la composición y se equilibrarán los elementos a un lado y a otro de este.
- **Contraste:** es la diferencia entre los elementos para crear puntos focales y jerarquía visual. Se puede lograr mediante el color, la forma, el tamaño o la textura.
- **Ritmo:** se define como la repetición de elementos o patrones para crear una sensación de movimiento y dinamismo.
- **Unidad:** es la coherencia entre todos los elementos para crear una imagen completa y armoniosa. Esto se puede conseguir a través del uso de colores parecidos, formas que se relacionan entre sí, etc.

Componer significa en diseño, organizar totalmente las figuras y el fondo. Para que un diseño reúna las características de una buena composición debe percibirse como un conjunto estructurado.

Existen dos **tipos de composiciones** fundamentales:

- **Clásica o estática:** se basa en la búsqueda del equilibrio, la proporción y la simetría. Esto crea una sensación de tranquilidad, estabilidad y orden. Estas normas estéticas, están bien definidas y han sido utilizadas a lo largo de la historia por los artistas.
- **Libre o dinámica:** en contraposición, esta composición rompe con lo establecido y busca transmitir sensaciones de movimiento, energía, tensión y emoción. Al contrario que la estática, que aboga por la asimetría, el contraste y la disposición irregular de los elementos.

Composición estática: equilibrio y simetría

Composición dinámica: movimiento y asimetría

 Importante

Hay que prestar atención al peso visual de los elementos. Algunos, como los colores brillantes o los objetos grandes, tienen más peso que otros. Es preciso utilizar esto a favor, para crear una composición equilibrada. Así, se considerará también el uso de líneas diagonales para crear sensación de movimiento y dinamismo. Por último, se utilizará el espacio negativo para aislar el sujeto principal y darle mayor importancia.

 **Actividades**

2. Elabore un *brainstorming* de las posibles imágenes que incluiría una clínica veterinaria en su página web. Atendiendo a aspectos técnicos y estéticos que surjan sobre la temática de las imágenes.

Estética

La organización de diferentes elementos dentro de un proyecto como puede ser el color y las imágenes es lo que proporciona el significado estético. La contemplación de la forma es un elemento necesario para la experiencia estética. En diseño gráfico, la estética forma parte del proceso de comunicación; no es lo más importante, pero es parte del mensaje.

El carácter estético se produce cuando el diseño comunica su mensaje a la vez que invita a su contemplación; cuando, a la vez que informa, gusta cómo lo hace.

La estética es uno de los fenómenos de la comunicación más complejos, ya que tiene una capacidad emocional y de seducción muy relevante. Actúa atrapando los sentidos, es capaz de concentrar la atención del espectador. La estética, además de hablar a los sentidos, también puede hablar a la cabeza y puede convertirse en una experiencia intensa.

Cuando de lo que se trata es de convocar y satisfacer a grandes audiencias o a clientes con poco conocimiento en estética, el diseño gráfico puede pasar a formar parte de la insustancialidad del mensaje.

En conclusión, el trabajo de un buen diseñador de productos gráficos debe ser siempre velar por la integridad de la estética de sus imágenes, pese a los obstáculos interpuestos.

Actividades

3. Imagine que va a diseñar un cartel informativo para un festival de música independiente que se celebrará en una ciudad universitaria.
Considerando los principios del diseño gráfico y las características del público objetivo, ¿qué elementos visuales y tipográficos se deberían utilizar para crear un cartel atractivo y efectivo? ¿Cómo se puede utilizar la jerarquía visual y la composición para destacar la información más importante del cartel?

Importante

Al ser la estética una experiencia individual, pero al mismo tiempo fruto de la sociedad y cultura de la época, evoluciona tanto con la sociedad como la cultura. La estética se convierte así en sello de nuestra sociedad.

Las imágenes que se elijan y su lenguaje deben ir en consonancia con el público o cultura al que va dirigido.

La estética tiene la misión de hacer agradable y apetecible la lectura del discurso. Para ello, a la hora de seleccionar imágenes para los proyectos, estas no deben ser un catálogo de imágenes inconexas y dispersas. Se hace necesario así dar coherencia y unidad a las imágenes, relacionándolas con la globalidad del proyecto.

La relación de unidad es una relación de parecidos, de elementos en común que mantienen nexos. Repiten elementos de manera parecida entre las imágenes y configuran la base organizativa de la obra.

2.3. Características semánticas

Las características semánticas de una imagen son un pilar fundamental para su creación; gracias a estas se consigue que las imágenes comuniquen de manera efectiva. Estas características se centran en el significado y el mensaje que se transmite a través de los elementos visuales, los cuales comprenden aspectos como el tema, los símbolos y el contexto.

- **Tema.** El tema de una imagen es su esencia, lo que quiere comunicar de forma primordial. Puede ser un objeto, persona o una idea, emoción, etc. Un proyecto de diseño debe tener imágenes con un tema definido, para que sea fácilmente identificable por el público objetivo.
- **Símbolos.** Los símbolos son elementos gráficos que representan ideas o conceptos de forma convencional. Su uso ayuda en el diseño gráfico a transmitir mensajes complejos de forma rápida y eficaz, ya que apelan a un lenguaje visual que trasciende las barreras del idioma.
- **Contexto.** El contexto en el que se utilizan las imágenes juega un papel crucial. El entorno cultural, social e incluso histórico pueden influir en la forma que el público de nuestro proyecto percibe y comprende nuestro mensaje visual. Un diseñador gráfico debe tener en cuenta este contexto para crear imágenes que sean coherentes y relevantes para su público objetivo.

Al comprender y aplicar las características semánticas en el diseño gráfico, se consiguen crear imágenes que no solo sean estéticamente agradables, sino que comuniquen de manera efectiva, clara y memorable el mensaje deseado.

 Aplicación práctica

Andrea trabaja para una empresa de *marketing*. Le han encargado la colaboración con un nuevo restaurante italiano que acaba de abrir en su ciudad.

Ayuda a Andrea a diseñar una campaña publicitaria para el restaurante italiano, que destaque su ambiente acogedor, su deliciosa comida y su excelente servicio.

Continúa en página siguiente >>

<< Viene de página anterior

SOLUCIÓN

▮ Paso 1: Definir el público objetivo

- **Edad:** entre 25 y 55 años
- **Intereses:** gastronomía italiana, ambiente familiar, experiencias culinarias únicas.

▮ Paso 2: Establecer el mensaje principal de la campaña

- "Saborea la auténtica Italia en (ciudad)"
- "Disfruta de una experiencia gastronómica inolvidable"
- "Siente la calidez y el sabor de la cocina italiana"

▮ Paso 3: Elegir las imágenes

- **Imágenes del restaurante:** interior del restaurante, mostrando su decoración acogedora y ambiente cálido.
- **Imágenes de la comida:** platos representativos del menú, destacando su presentación atractiva y deliciosa.
- **Imágenes de personas:** clientes disfrutando de la comida y el ambiente del restaurante.

▮ Paso 4: Aplicar principios de composición

- **Equilibrio:** distribuir las imágenes de manera equilibrada en el diseño, evitando que la composición se vea inestable o pesada.
- **Contraste:** utilizar el contraste de colores, formas y tamaños para crear puntos focales y jerarquía visual.
- **Ritmo:** repetir elementos o patrones para crear una sensación de movimiento.
- **Unidad:** asegurar la coherencia entre todos los elementos del diseño para crear una imagen completa y armoniosa.

▮ Paso 5: Seleccionar una paleta de colores

- **Colores cálidos:** naranja, amarillo, rojo, para transmitir calidez, alegría y apetito.
- **Colores terrosos:** marrón, beige, verde oliva, para crear un ambiente acogedor y natural.
- **Colores verdes:** para representar la frescura de los ingredientes y la conexión con la naturaleza.

Continúa en página siguiente >>

<< Viene de página anterior

▮ Paso 6: Diseñar los materiales publicitarios

- **Carteles:** diseñar un cartel llamativo que muestre imágenes atractivas del restaurante y la comida, junto con el mensaje principal de la campaña.
- **Folletos:** crear un folleto informativo que incluyan el menú del restaurante, información de contacto y fotografías del ambiente y la comida.
- **Redes sociales:** preparar imágenes para las redes sociales, mostrando la preparación de los platos, el ambiente del local y la satisfacción de los clientes.

3. Tipos de imágenes. Fotografías / ilustración

En el diseño gráfico las imágenes son elementos esenciales para comunicar ideas, emociones y narrar historias. Se hace imprescindible dominar los diferentes tipos de imágenes, tanto de ilustración como de fotografía.

Para conseguir ese dominio se conocerán las diferentes características, aplicaciones y técnicas para crear estos tipos de imágenes.

3.1. Fotografía: capturando la realidad

La fotografía es el arte y técnica de obtener imágenes a través de la acción de la luz. Es un proceso de capturar y plasmar imágenes, ya sea por medio del fijado en un campo sensible a la luz o por la conversión en señales electrónicas.

De forma más simple, la fotografía trata de capturar un momento del mundo real con una cámara. La luz incide sobre un sensor o una película y deja una huella que después se procesará para crear una imagen permanente.

Algunas de las ventajas y desventajas de la fotografía son las siguientes.

Ventajas

- **Realismo:** las fotografías capturan la realidad de una manera que la ilustración no puede. Esto puede ser ideal para utilizarlas en proyectos para mostrar productos, lugares o personas.
- **Emoción:** las fotografías son capaces de evocar emociones en el espectador, por lo que las convierte en una herramienta poderosa para la narración de historias.
- **Versatilidad:** existen muchos tipos de fotografía, desde fotografía de producto, de paisaje, etc., lo que significa que hay una fotografía casi para cada proyecto.
- **Disponibilidad:** existen miles de fotografías disponibles en línea o bibliotecas de imágenes.

Desventajas

- **Costo:** las fotografías con alta calidad pueden ser costosas, sobre todo si se necesita un fotógrafo profesional que las realice.
- **Licencias:** hay que asegurarse de tener los derechos para utilizar cualquier fotografía en nuestros proyectos.
- **Control:** no se tiene tanto control sobre la composición y el contenido de una fotografía como podría tenerse de una ilustración.

 Actividades

4. Se va a elaborar una *app* de un hotel rural de una ciudad. Indique qué aspectos estéticos y técnicos tendrían los iconos para esta *app*. Se debe atender a características como el color, la composición, la resolución, el tipo de archivo y el formato.

3.2. Ilustración: el mundo de la imaginación

La ilustración es el arte de crear imágenes mediante el dibujo, la pintura u otras técnicas manuales o digitales. A diferencia de la fotografía, la ilustración no se basa en capturar la realidad, sino en crear mundos y personajes imaginarios, o en representar la realidad de forma subjetiva o interpretándola.

Los ilustradores utilizan una amplia gama de herramientas y técnicas. Estas pueden ser analógicas (lápices, pinceles, pintura, etc.) y otras pueden ser *software*. Se pueden crear desde dibujos simples hasta obras de arte más complejas y detalladas.

Hoy, la ilustración se utiliza en muchos campos diferentes, como pueden ser libros infantiles, revistas, cómics, publicidad, diseño web o videojuegos.

Algunas de las ventajas y desventajas de las ilustraciones son las siguientes.

Ventajas

- **Control:** se tiene un control total sobre la composición y el contenido.
- **Creatividad:** la ilustración puede realizarse tan creativa como se quiera.
- **Estilo único:** puede crear un estilo de ilustración único para una marca o proyecto.
- **Costo**: puede ser más rentable si la crea uno mismo.

Desventajas

- **Habilidades:** se necesitan habilidades artísticas para crear ilustraciones.
- **Tiempo:** crearlas lleva tiempo, sobre todo si son complejas.
- **Realismo:** la ilustración puede no ser tan realista como la fotografía.
- **Costo**: puede ser elevado si no se crea personalmente.

Tipos de ilustración

Existen diferentes tipos de ilustración, como pueden ser:

- **Ilustración vectorial:** se caracteriza por su creación mediante programas de diseño especializados. Utiliza líneas, formas y curvas definidas matemáticamente, y estas pueden ampliarse y reducirse sin pérdida de calidad. Esto las hace ideales para su uso en logotipos o incluso vallas publicitarias. Tienen gran nitidez en cuanto a sus bordes y formas. Puede modificarse de forma fácil en algunos aspectos, sin afectar al resto de la ilustración. Este tipo de archivos admite diferentes técnicas de color y efectos para crear una amplia gama de estilos visuales. Entre los programas que pueden crear y editar estas ilustraciones se encuentran *Adobe Illustrator, Corel Draw* e *Inkscape.*
- **Ilustración rasterizada:** esta ilustración se crea a través de programas que imitan las técnicas pictóricas, pero también pueden ser ilustraciones hechas a mano que después se escaneen. Este tipo de imágenes están compuesta por píxeles. Gracias a su artesanía pueden capturar una amplia gama de detalles y texturas difíciles o imposibles de lograr con las vectoriales. Además, si se busca expresividad, este tipo de ilustraciones consiguen una gran libertad a la hora de ser creadas, gracias a que el artista dispone de gran variedad de herramientas y técnicas.
- **Ilustración isométrica:** este tipo de ilustración utiliza una técnica de proyección gráfica para crear imágenes en 3D con una apariencia plana. Los objetos se representan en unos ejes, que crean una sensación de profundidad y realismo.
  Su perspectiva clara la hace ideal para organizar o representar espacios o escenas, así como objetos y estructuras complejas. Por este motivo se utiliza para comunicar ideas complejas o técnicas. Para este tipo de ilustraciones se pueden utilizar programas como *SketchUp, Blender* o *Autocad.*

3.3. Criterios de selección de imagenes acordes con los requerimientos de un proyecto

Saber seleccionar imágenes es crucial para el éxito de cualquier proyecto. Algunos de los **criterios clave** para hacer esta selección adecuada son:

1. **Relevancia**

   Las imágenes deben estar estrechamente relacionadas con el tema central del proyecto, además del mensaje que quiere transmitir. Es fundamental que el contenido visual sea coherente y vaya en relación con el texto y el resto de los elementos gráficos, evitando imágenes genéricas o irrelevantes que puedan confundir a nuestro público objetivo.

2. **Calidad visual**

   La calidad de las imágenes es una característica no negociable que deben tener. Por ello se necesita que sean de alta resolución, buena nitidez y una estética adaptada al estilo del proyecto, sobre todo si van a ser impresas. Hay que evitar imágenes pixeladas, borrosas o con ruido, ya que esto puede afectar a la percepción del diseño.

3. **Composición y estética**

   Las imágenes seleccionadas deben guardar una composición equilibrada y atractiva a la vista. Es importante prestar atención a la distribución de elementos, la armonía de colores, y el uso de luces y sombras.

4. **Coherencia con la marca**

   En el caso de proyectos que van referenciados con marcas o identidades corporativas, las imágenes deben ser coherentes con estas, y su estilo visual, establecido en su manual de identidad. Aquí se deben incluir aspectos como la paleta de colores, las tipografías y los elementos gráficos que contenga la marca.

5. **Derechos de autor y licencias**

   Es importantísimo asegurarse que las imágenes utilizadas cuentan con licencias y permisos adecuados, para evitar posibles problemas legales. Se debe recurrir a bancos de imágenes o establecer contacto directo con los propietarios de las imágenes para tener autorización.

6. **Público objetivo**

Las imágenes deben seleccionarse considerando las características y preferencias del público objetivo al que va dirigido el proyecto.

7. **Emoción y mensaje**

Deben tener un gran poder para evocar emociones y transmitir mensajes, sobre todo para reforzar el mensaje central del proyecto.

8. **Variedad y contraste**

La utilización de una variedad de imágenes en cuanto a estilo, composición, etc. puede enriquecer el diseño y hacerlo más dinámico; pero todo en su justa medida, de manera que no se caiga en el uso excesivo de imágenes dispares que confundan o sobrecarguen al espectador.

9. **Actualidad**

Se recomienda en lo posible utilizar imágenes actuales que reflejen las últimas tendencias. Esto ayuda a mantener un diseño moderno y conectado con la realidad actual.

 Actividades

5. Imagine que va a desarrollar una campaña publicitaria para una ONG que trabaja en la defensa del medioambiente, con el fin de concienciar a la población sobre la importancia del cuidado del planeta.
Considerando los criterios de selección de imágenes para proyectos de diseño gráfico, ¿qué tipo de imágenes se deberían elegir para la campaña publicitaria de la ONG? ¿Por qué?

3.4. Idoneidad de una imagen

Una imagen es idónea para un proyecto de diseño gráfico cuando cumple los criterios mencionados anteriormente, es decir, técnicamente debe cumplir con unos requisitos de resolución y espacio de color adecuados, así como también el tamaño, el peso del archivo o el formato.

Ejemplo

Las imágenes para un proyecto web no pueden ser pesadas y su resolución será la apropiada para pantalla (72 ppp o 96 ppp). Un formato adecuado para web puede ser JPEG o PNG, dependiendo siempre del proyecto. Un espacio de color en RGB, el específico para pantalla.

Esto debe ser así, ya que nuestro navegador debe cargar rápidamente todos los gráficos que tenga la web.

En cuanto a la parte más formal, hay que buscar imágenes que se adapten a la marca, con un mensaje claro. Debe tener calidad técnica en cuanto a color y composición. Por tanto, es técnica y creativamente sólida.

3.5. Imagen analógica y digital

Decidir entre si elegir imágenes digitales o analógicas es una decisión que debe ser tomada por el diseñador gráfico. Es por ello por lo que se analizarán los dos tipos, para tener el conocimiento necesario y así tomar la mejor decisión informada para los proyectos gráficos.

Imagen analógica

Se conoce como fotografía tradicional. Se basa en la captura de la luz mediante una película fotosensible. Esta tecnología química produce imágenes únicas con mucho detalle y aportan un toque de autenticidad a los diseños al capturar la realidad.

Fotografía tradicional: aplicación de efectos a través del material como lentes, películas revelado, etc

Ventajas

- Las imágenes analógicas poseen una textura característica que la diferencia de la estética digital, aportan calidez y naturalidad a las composiciones.
- La utilización y experimento con diferentes tipos de películas, lentes y revelados permite crear gran variedad de estilos y efectos.

Desventajas

- Es un proceso complejo, ya que requiere habilidad manual, incluyendo el manejo de la película, el revelado y el escaneo de las fotografías.
- El coste es más elevado, debido a los materiales y servicios relacionados como los rollos de película, el revelado, el papel fotográfico, las máquinas.
- Una vez revelada, la imagen analógica ofrece menos posibilidades de edición y manipulación en comparación con las imágenes digitales.

Imagen digital

Es el producto de la captura de la luz a través de sensores electrónicos. Esta tecnología ha revolucionado el mundo del diseño gráfico. Su naturaleza versátil y de mayor edición posible la convierte en una herramienta muy poderosa a la hora de crear y manipular imágenes de forma eficiente.

Ventajas

- El proceso de trabajo está más simplificado, ya que se elimina la necesidad de rollos de película y procesos de revelado. Permite así una captura y edición inmediata de las fotografías.
- Los bajos costos en comparación con la analógica es un aspecto notorio, gracias también a la disponibilidad de cámaras digitales asequibles e incluso *software* de código libre o gratuito.
- Otra ventaja es la capacidad de compartir las imágenes digitales de forma fácil y sobre todo a través de internet.

Desventajas

- Las imágenes digitales pueden en ocasiones carecer de la textura y calidez de la fotografía analógica.
- Dependen de la tecnología, puesto que su creación y edición requiere del uso de computadoras y *software* a tal efecto, lo que las hace vulnerables a problemas técnicos y problemas de compatibilidad.
- La facilidad de la edición de estas imágenes digitales hace que se abuse de la manipulación de estas, y eso afecta a su veracidad y autenticidad.

Consideraciones para la elección

La elección entre imágenes analógicas y digitales para un proyecto de diseño gráfico depende de varios factores. Entre ellos, se incluye el estilo deseado, el mensaje que se quiere transmitir, el presupuesto disponible y los recursos técnicos de los que se dispone.

- **Estilo deseado.** Si se busca un aspecto nostálgico y auténtico o con textura, evocar emociones, más cálido y personal, la imagen analógica puede ser la mejor opción. Si por el contrario se busca un estilo más limpio, moderno, un mensaje directo y preciso, con mayor control de edición, la digital es sin duda la mejor elección.

- **Presupuesto.** En comparación la fotografía analógica tiene un mayor costo, mientras la digital es más económica.
- **Recursos técnicos.** Se debe considerar qué disponibilidad se tiene de equipos, *software* y conocimientos para trabajar cada tipo de imagen. La clave está en comprender las características y ventajas de cada tipo de imagen, y seleccionar la que mejor se adapte a nuestro proyecto. Las imágenes digitales se pueden editar y retocar utilizando programas informáticos con gran precisión.

 Aplicación práctica

Raquel trabaja como diseñadora gráfica de manera autónoma. Le han encargado el diseño de la portada de una revista cultural.

Ayude a Raquel a elaborarla.

SOLUCIÓN

I Paso 1. Definir el proyecto.

- **Objetivo:** diseñar una portada llamativa y atractiva para una revista cultural que aborde temas relacionados con el arte urbano.

I Paso 2. Investigar y recopilar imágenes

- Buscar imágenes de murales, grafitis e intervenciones artísticas urbanas de diferentes países. Deben transmitir creatividad y el impacto social de este arte.

I Paso 3. Aplicar los criterios de selección de imágenes

- **Calidad visual:** las imágenes deben ser de alta resolución, buena nitidez y estética.
- **Composición y estética:** las imágenes deben tener una composición equilibrada
- **Público objetivo:** las imágenes deben ser atractivas para el público objetivo.
- **Emoción y mensaje:** las imágenes deben evocar emociones y transmitir mensajes relacionados con el arte urbano.
- **Variedad y contraste:** utilizar una variedad de imágenes en cuanto a estilo, composición y color para enriquecer el diseño y hacerlo más dinámico.

Continúa en página siguiente >>

‹‹ Viene de página anterior

❚ Paso 4. Diseñar la portada

- ❚ Utilizar una imagen principal llamativa y que represente el tema central del número.
- ❚ Incorporar elementos gráficos que complementen la imagen principal.
- ❚ Utilizar una tipografía legible y atractiva para el título y el subtítulo de la revista.

3.6. Evolución técnica de la imagen

La fotografía, ese arte de capturar instantes y convertirlos en recuerdos tangibles, tiene un origen que se remonta a los albores de la ciencia y la experimentación. En ese origen se encuentra un elemento fundamental: la cámara oscura.

Hay que imaginar una caja, un habitáculo oscuro con un único orificio en una de sus caras. La luz se cuela por ese pequeño agujero, proyectando en la pared opuesta una imagen invertida del mundo exterior. Esa imagen, aunque borrosa y tenue, es el germen de la fotografía.

Este principio básico, el de la proyección de una imagen a través de un orificio, ha dado lugar a la evolución de la fotografía tal y como se conoce hoy. Las cajas oscuras se perfeccionaron, dando paso a las cámaras fotográficas, y los materiales fotosensibles se transformaron, permitiendo capturar imágenes cada vez más nítidas y duraderas.

Pero la fotografía no solo se trata de la cámara, también es luz, la esencia que moldea las imágenes y las dota de vida. La luz, al incidir sobre los objetos, crea sombras y reflejos, define formas y texturas. Es la responsable de la profundidad y la dimensión que se percibe en la fotografía.

En sus inicios, el "lienzo" donde se plasmaba la fotografía era una película fotosensible, una capa de material químico que reaccionaba ante la luz, almacenando la información de la escena. Con la llegada de la fotografía digital, el lienzo se ha convertido en un sensor digital, un conjunto de minúsculos sensores que capturan la luz y la convierten en una señal eléctrica, interpretada posteriormente por un procesador para crear la imagen final.

El viaje de la fotografía no termina aquí. El proceso continúa con el almacenamiento. Las tarjetas de memoria en la fotografía digital han reemplazado a los carretes de película, permiten almacenar miles de imágenes en un pequeño dispositivo. En la fotografía analógica, la película revelada se convierte en el soporte físico que guarda la imagen.

 Nota

La fotografía, en su esencia, sigue basándose en los mismos principios que la cámara oscura: luz, proyección y captura. La tecnología ha evolucionado la forma de captar y almacenar la imagen, pero la magia de capturar un instante y convertirlo en un recuerdo atemporal permanece intacta.

Para dominar la fotografía hay que comprender estos elementos básicos: la luz, la cámara, el soporte y el almacenamiento. Solo así se podrá aprovechar al máximo las herramientas que hay a nuestro alcance y crear imágenes que narren historias, evoquen emociones y transciendan el tiempo.

3.7. Almacenamiento de imágenes, formatos

Muchas son las variantes en cuanto al guardado o almacenado de las imágenes. El diseñador gráfico debe conocer cuál será la más apropiada en cada momento, así como las características de los formatos de archivo que deben tener estas imágenes, de cara al proyecto que se esté elaborando.

Almacenamiento de archivos

Existen diversos lugares donde se pueden guardar los archivos de imágenes, cada una con sus características:

- **Discos duros y externos:** ofrecen gran capacidad de almacenamiento a un buen precio. En el caso de los externos son portátiles y fácil de usar. Su velocidad de lectura puede ser más lenta que otros dispositivos.

- **Unidades USB:** son portátiles, de pequeño tamaño y de una velocidad de lectura y escritura rápida. No tienen tanta capacidad como un disco duro, pero son usados para transporte de estos archivos, sobre todo. Su precio puede ser más costoso, dependiendo de los *gigabytes* que tenga.
- **Tarjetas de memoria:** utilizadas en las cámaras digitales y otros dispositivos electrónicos. Tienen diferentes capacidades de almacenamiento.
- **La nube:** en este sentido se tienen ejemplos como *Google Drive, Dropbox* o *One Drive,* los cuales permiten almacenar archivos en línea y acceder a ellos desde cualquier lugar y dispositivo conectado a internet. Los hay gratuitos o de pago, dependiendo también de la capacidad de almacenamiento que se busque.

Formatos de archivo

Para un diseñador gráfico es vital conocer los formatos de archivos, y no solo de imagen, para poder efectuar de forma eficiente su trabajo. Cada formato tiene unas características, que también hay que conocer.

Para tal efecto, se recogen a continuación los formatos existentes más importantes y sus características:

- **JPEG:** es un formato de archivo de imagen rasterizada. Este formato comprime las imágenes utilizando un algoritmo, por el cual elimina información que es menos perceptible para el ojo humano. Gracias a esto el archivo reduce su tamaño sin sacrificar demasiada calidad.
  Es ideal para fotografías donde el tamaño del archivo es un factor importante, como una web o para compartir por correo.
- **PNG:** este formato no pierde calidad al comprimir. Es perfecto para gráficos web, logotipos, iconos o cualquier imagen que sea necesario que tenga bordes definidos y un texto nítido, donde se necesite incluso tener transparencias o fondos vacíos. También es un formato de archivo rasterizado.
- **GIF:** es el formato por excelencia en animación. Este formato comprime imágenes limitándolas a 256 colores. Por ello es ideal para animaciones simples y de baja resolución. Un ejemplo son los memes o iconos pequeños.

- **Tiff:** es un formato de imagen que no comprime. Aunque sí hay un tipo (LZW) que se aplica a imágenes con colores sólidos o patrones repetitivos donde se comprime, pero sin pérdida alguna. Tiff es perfecto para imágenes de alta gama que requerirán edición posterior, como fotografías profesionales o imágenes que se harán archivo después (escaneo).
- **SVG:** es un estándar para diseño web. Ideal por su nitidez y escalabilidad en cualquier pantalla, desde teléfonos móviles a grandes monitores. Es un formato vectorial.
- **EPS:** también en el grupo de los formatos vectoriales de imagen. Utilizado sobre todo en *software* de diseño profesional como *Adobe Illustrator.* Compatible con bastantes impresoras.
- **AI:** es el archivo nativo de *Adobe Illustrator.* Conserva todas las características y capas del diseño. Ideal para compartir archivos entre usuarios de este *software.*
- **RAW:** este formato recoge la información sin procesar directamente de la cámara fotográfica. Ofrece la máxima flexibilidad y control en la posterior edición. Es ideal para fotógrafos profesionales. Para poder abrirlos necesitarás un programa de edición de fotografía como puede ser *Adobe Lightroom.*
- **PSD:** es el archivo nativo de *Adobe Photoshop.* Conserva todas las capas, ajustes y efectos que tenga la imagen editada. Perfecto para trabajar con proyectos de diseño que sean complejos y necesiten varias ediciones.
- **WebP:** este formato está desarrollado por *Google.* Ofrece compresión con y sin pérdida, superando a JPEG y PNG. Es compatible con los navegadores actuales, pero ha sido aún adoptado de manera generalizada.
- **PDF:** es un formato que puede albergar imágenes, texto y vectores, conservando el formato original en diferentes dispositivos. Es el estándar global para distribución e intercambio de documentos digitales. Su versatilidad, su fácil utilización lo ha convertido en una herramienta indispensable. Puede usarse en textos, formularios interactivos, libros electrónicos o su preparado para impresión o diseño gráfico en general.

4. Resumen

Para un profesional del diseño gráfico es muy importante conocer todo lo relacionado con las imágenes, ya que la calidad y adecuación de sus proyectos dependen de este conocimiento.

Se deben conocer aspectos de las imágenes como la resolución y tamaño, y cómo esto afecta al resultado del proyecto, de cara a su utilización en proyectos impresos o digitales. Así también, ha de conocer si necesita imágenes vectoriales o de mapa de bits.

Este conocimiento también pasa por saber sobre el espacio de color para que los diferentes dispositivos como pantallas o impresoras interpreten los colores de las imágenes.

A nivel estético y compositivo las imágenes deben cumplir unos requisitos para poder adecuarse a cada proyecto. En este caso es de vital importancia que se conozcan los principios básicos de la composición como son el equilibrio, el contraste, el ritmo y la unidad.

De igual modo se debe atender a unos principios estéticos, que no es otra cosa que la organización de los diferentes elementos dentro de un proyecto, creando un relato, un hilo conductor por el que las imágenes transmiten un mensaje común.

Por último, una vez acabada la selección de imágenes, se debe conocer la manera en la que almacenarán los archivos de las imágenes, sopesando que sistema es más adecuado: USB, disco duro, tarjeta o la nube.

Y no menos importante es qué formato de archivo se utilizará para guardar las imágenes. En este caso se debe elegir la mejor opción, entre los formatos existentes, para el proyecto en cuestión.

Ejercicios de repaso y autoevaluación

1. **¿Cuál de las siguientes afirmaciones sobre la resolución de una imagen es incorrecta?**

   a. Se mide en píxeles por pulgada (ppp).
   b. Una mayor resolución implica una mayor calidad de imagen.
   c. Una menor resolución implica un menor tamaño de archivo.
   d. La resolución no afecta a la nitidez de la imagen.

2. **¿Cuál es un modelo de color utilizado principalmente para la impresión?**

   a. RGB
   b. CMYK
   c. HSV
   d. HSL

3. **¿Cuál de las siguientes NO es una ventaja de las imágenes vectoriales frente a las de mapa de bits?**

   a. Son escalables sin pérdida de calidad.
   b. Ocupan menos espacio de almacenamiento.
   c. Pueden editarse más fácilmente.
   d. Son más adecuadas para fotografías.

4. **¿En qué tipo de proyecto se utilizaría la fotografía de paisaje?**

   a. Mostrar un producto nuevo.
   b. Anunciar un viaje turístico.
   c. Promocionar un restaurante.
   d. Mostrar la acción de un partido de fútbol.

5. **El formato de archivo que puede contener texto, vídeo y vectores, conservando el formato original en diferentes dispositivos, es...**

    a. ... JPEG.
    b. ... PDF.
    c. ... PSD.
    d. ... PNG.

6. **¿En qué se diferencia la ilustración de la fotografía?**

    a. La ilustración captura la realidad de forma objetiva.
    b. La ilustración crea mundos y personajes imaginarios o representa la realidad de forma subjetiva.
    c. La ilustración es más costosa que la fotografía.
    d. Todas las opciones son incorrectas.

7. **Indica si la siguiente oración es verdadera o falsa: "La ilustración vectorial se caracteriza por su creación mediante programas de diseño especializados y utiliza líneas, formas y curvas definidas matemáticamente".**

    ☐ Verdadero
    ☐ Falso

8. **¿Cuál es el objetivo principal de seleccionar imágenes adecuadas para un proyecto?**

    a. Ahorrar dinero en el proyecto.
    b. Mejorar la estética del diseño.
    c. Transmitir el mensaje del proyecto de forma efectiva y alcanzar al público objetivo.
    d. Solo para mejorar la estética del proyecto.

9. **¿Cuáles son algunas ventajas de la imagen analógica?**

    a. Es más fácil de editar que la imagen digital.
    b. Es más económica que la imagen digital.
    c. Aporta calidez y naturalidad a las composiciones.
    d. No se necesita mucha habilidad.

10. La _____ es un tipo de almacenamiento ideal para compartir archivos de forma *online*.

    a. memoria de discos duros externos
    b. unidad USB
    c. nube
    d. carpeta compartida

11. Indica si la siguiente oración es verdadera o falsa: "El GIF es un formato de archivo que se utiliza para almacenar imágenes con bordes definidos y texto nítido".

    ☐ Verdadero
    ☐ Falso

12. ¿Qué formato de archivo es ideal para diseños web y escalables en cualquier pantalla?

    a. PNG
    b. TIFF
    c. SVG
    d. WebP

13. En sus inicios la fotografía se plasmaba a través de _____.

    a. un sensor digital
    b. una película fotosensible
    c. una tarjeta de memoria
    d. un papel fotosensible

14. ¿Cuál es el propósito de utilizar una variedad de imágenes en un proyecto?

    a. Ahorrar tiempo en la selección de imágenes.
    b. Hacer que el diseño sea más dinámico y atractivo.
    c. Reducir el costo del proyecto.
    d. Adecuarse más a las exigencias del proyecto.

Capítulo 2

Obtención de imágenes para proyectos de diseño gráfico

Contenido

1. Introducción
2. Obtención por fotografía
3. Escaneado
4. Obtención de imágenes en banco de imágenes
5. Resumen

1. Introducción

Un diseñador debe conocer los fundamentos de la fotografía y cómo obtener imágenes de alta calidad para proyectos de diseño gráfico. Además, debe abordar conocimientos sobre conceptos básicos como la luz, la cámara, los objetivos, los diferentes tipos de cámaras y formatos, cuáles son los criterios técnicos para la elaboración de fotografías, el proceso de escaneado y la obtención de imágenes desde bancos de imágenes y su manejo.

2. Obtención por fotografía

La fotografía es una herramienta fundamental para los diseñadores gráficos, puesto que les permite comunicar mensajes, emociones o ideas de forma visual. En los apartados siguientes se explorarán los conceptos básicos de la fotografía, para conseguir obtener imágenes de alta calidad.

2.1. Conceptos de fotografía

Sin la luz no sería posible capturar una imagen. La importancia de esta se refleja incluso en la etimología de la palabra *fotografía,* que proviene del griego y significa 'escribir con luz'.

Dominar la luz es esencial para mejorar como fotógrafo. Esto implica comprender cómo se comporta la luz y cómo afecta a la formación de las fotografías. Una iluminación adecuada puede realzar una escena y crear una imagen atractiva, mientras que una iluminación deficiente puede estropearla.

Existen diferentes tipos de luz: luz natural, luz artificial y luz mixta. Cada tipo de luz tiene sus propias características y puede usarse para crear diferentes efectos.

Los fotógrafos deben aprender a controlar la luz para obtener los resultados deseados. Esto implica ajustar la apertura del diafragma, la velocidad de obturación y la sensibilidad ISO de la cámara. También pueden usar accesorios como *flashes,* reflectores o difusores para modificar la luz.

En definitiva, la luz es la clave para la creación de fotografías de calidad. Al comprender y controlar la luz, los fotógrafos pueden crear imágenes que sean bellas, impactantes y memorables.

Cámara fotográfica. Partes y funcionamiento

Las cámaras fotográficas han pasado por una considerable evolución. Esta evolución se ha hecho patente en los diferentes componentes que integran una cámara.

Una cámara tiene dos grandes partes: el objetivo y el cuerpo. Dentro de estas hay diferentes partes, de las que se hablará a continuación.

Objetivo

No requería de una gran tecnología en sus inicios con la cámara oscura, ya que era un simple orificio donde entraba la luz. Pero pronto se descubrió que, con la colocación de una lente, y después un conjunto de estas, se mejoraba considerablemente las prestaciones de la fotografía, en términos de nitidez.

Existen una serie de elementos que forman parte de todo objetivo:

- **Objetivo frontal:** es la primera de las lentes. Esta permite que la luz de la escena que se va a fotografiar entre en el cuerpo de la cámara.
- **Portalentes:** es una estructura que sirve como soporte al juego de lentes que componen el objetivo. Permite la mejora de las prestaciones de la cámara.
- **Diafragma:** básicamente es la puerta por la que entra la luz. En función de la apertura que tenga, permitirá el paso a mayor o menor cantidad de luz.
- **Anillo de enfoque:** ofrece al fotógrafo la posibilidad de decidir la parte de la escena que desea que aparezca enfocada. En la actualidad, el anillo de las cámaras puede funcionar de forma automática o manual.

Tipos de objetivos

El objetivo es la parte de la cámara que canaliza la luz y la lleva hacia el sensor. Todo esto se consigue por la disposición de cierto número de lentes dentro del mismo objetivo. Alguna de estas lentes son:

- **Super gran angular:** tiene una distancia focal inferior a 24 mm. Capturan un campo de visión amplio. Son ideales para fotografías de paisaje, arquitectura e interiores. Producen una cierta distorsión en las líneas rectas, por lo que no sirven para fotografía de retrato o producto.
- **Gran angular:** tienen una distancia focal entre 24 y 35 mm. Ofrecen un campo de visión más amplio que un objetivo estándar, lo que los hace útiles para fotografía de paisajes, grupos de personas o calles. Producen mucha menos distorsión, por lo que pueden usarse para retratos.
- **Objetivo normal:** su distancia focal está alrededor de 50 mm. Estos objetivos reproducen la perspectiva del ojo humano, siendo así más apropiados para retratos, documentales y viajes. Tienen una apertura máxima grande, lo que consigue obtener fondos borrosos y efecto *bokeh*.
- **Teleobjetivo:** tienen una distancia focal superior a 70 mm. Permiten acercar objetos lejanos. Son ideales para fotografía de deporte, fauna y retrato.

Cuerpo

Si el cuerpo de la cámara no dispone de la calidad suficiente, no valdrá tener el mejor objetivo del mercado, aunque sea la parte más importante y la que determina la calidad de las fotos que se tomen.

Entre las piezas más importantes del cuerpo se encuentran:

- **Obturador.** Es la parte de la cámara que deja pasar la luz que entrará en el objetivo. Esta luz incidirá en la película o, si es digital, en el sensor. La velocidad a la que se abre el obturador será una característica clave.

- **Película o sensor.** Su misión es captar la luz que arroja la escena y guardar esta información.
- **Visor.** Es un dispositivo que se usa para ver la escena a fotografiar en todo momento. En otro tipo de cámaras se tiene el visor LCD.
- **Disparador.** Este elemento sirve para tomar la fotografía. Tiene generalmente dos posiciones: presionado a la mitad enfoca la escena; si se presiona del todo se toma la fotografía.

Otros componentes

Hay otros elementos que son de importancia en la fotografía. Estos son la pantalla de LCD, el microprocesador, el sensor de la cámara y la memoria de almacenamiento.

- **LCD:** en el caso de tratarse de una cámara réflex, la pantalla servirá para establecer ciertos parámetros y valores de cara a la toma de la fotografía. Además, se puede visualizar el resultado de las fotografías.
- **Microprocesador:** es el encargado de transformar e interpretar la información recibida y almacenarla como una fotografía.
- **Memoria:** una vez la fotografía ha sido tomada e interpretada por el microprocesador, esta información se almacena en la memoria.

 Actividades

1. Compare y contraste las dos partes principales de una cámara, el cuerpo y el objetivo. ¿Cómo trabajan juntos sus diferentes componentes para capturar una imagen?
2. ¿Cómo influyen los diferentes tipos de objetivos (super gran angular, gran angular, estándar y teleobjetivo) en la composición y perspectiva de una fotografía? Proporcione ejemplos de cómo cada tipo de objetivo puede utilizarse de forma eficaz en diferentes géneros fotográficos.

Aplicación práctica

Juan tiene una tienda *online* de ropa y necesita imágenes de su nueva colección para ubicarlas en su web.

Detalle qué pasos ha de seguir en una sesión de fotos de productos para la tienda *online* de Juan, utilizando los conceptos básicos de fotografía aprendidos.

SOLUCIÓN

▪ Paso 1. Materiales necesarios

    ▪ Cámara fotográfica. Trípode. Objetivos. Iluminación. Fondo neutro
    ▪ Ropa y accesorios que fotografiar.

▪ Paso 2. Definir el proyecto

    ▪ **Planificar la sesión:** elegir la ropa y los accesorios que fotografiar, seleccionar el fondo y la iluminación adecuados, y preparar el equipo fotográfico.

▪ Paso 3. Realización de la sesión

    ▪ **Realizar fotografías** con diferentes ángulos y composiciones, objetivos para obtener una variedad de planos.
    ▪ **Experimentar con la iluminación:** utilizar la iluminación artificial o natural para crear diferentes efectos de luz y sombra.
    ▪ **Revisar las fotografías:** visualizar las fotografías en la pantalla de la cámara o en un ordenador para comprobar la calidad y realizar los ajustes necesar os.

▪ Paso 4. Selección y edición de las fotografías

    ▪ **Seleccionar las mejores fotografías:** elegir las fotografías que mejor representen la ropa y accesorios, y que tengan una buena calidad técnica.
    ▪ **Editar las fotografías:** realizar ajustes de luz, color y contraste para mejorar la calidad de las imágenes.
    ▪ **Exportar las fotografías:** guardar las fotografías en formato JPEG o PNG con una resolución adecuada para su uso en la tienda *online*.

2.2. Cámaras digitales/analógicas, formatos

Las cámaras pueden ser digitales y analógicas. A continuación, se expondrán las diferencias entre ellas.

Cámaras analógicas

La fotografía analógica ofrece una amplia gama de cámaras, cada una con sus características propias. Algunas de ellas son:

- **Cámaras compactas:** son ligeras, fáciles de usar y generalmente tienen funciones automáticas. Tienen lentes fijas con un *zoom* limitado. Son adecuadas para fotografías cotidianas.
- **Cámaras telemétricas:** son conocidas por su visor directo, que muestra la escena real al enfocar y enfoque manual. Ofrecen un control de mayor precisión en cuanto a la composición y exposición. Sus lentes son intercambiables en algunos modelos. Son de diseño compacto y ligero.
- **Cámaras réflex de un solo objetivo:** son el tipo de cámara analógica que goza de mayor popularidad. De gran versatilidad, control y calidad de imagen. Tiene visor óptico para observar la imagen. El enfoque es manual o automático, dependiendo del modelo, y con lentes intercambiables.
- **Cámaras de formato medio:** conocidas por sus grandes negativos y calidad de imagen excepcional. Son la elección de profesionales que buscan una gran calidad. Su enfoque es manual y las lentes tienen muy buena calidad.
- **Cámaras instantáneas:** la más conocida es Polaroid. Capturan y revelan fotografías en pocos segundos. Son perfectas para capturar momentos y compartirlos al instante. Imprimen estas fotos sobre papel. Tienen un funcionamiento sencillo para cualquier persona, con diversos formatos y estilos.

Cámara analógica compacta con carrete o película

 Actividades

3. Elija un tipo de cámara analógica. Busque información específica sobre la cámara elegida en páginas web de fotografía, blogs especializados, foros de amantes de la fotografía analógica, sitios web de fabricantes y distribuidores. ¿Qué fotógrafos famosos han utilizado este tipo de cámara? ¿Hay algún ejemplo de su trabajo?

Cámaras digitales

Las cámaras digitales se pueden clasificar en tres tipos principales: compactas, *bridge* y réflex. Cada tipo de cámara tiene unas características diferenciadoras, así como unas ventajas y desventajas. Elegir una cámara adecuada dependerá del presupuesto y las necesidades de cada usuario.

- **Cámaras compactas:** son las más pequeñas y ligeras. Ofrecen menos funciones y calidad de imagen que otras. Son ideales para principiantes y usuarios que buscan una cámara portátil. Tienen un objetivo fijo con un *zoom* limitado, además de un visor LCD y una pantalla para encuadrar y ajustar la toma de fotografías.

- **Cámaras *bridge*:** son más grandes y pesadas que las compactas. Tienen un mayor *zoom* y mejor calidad de imagen. Su objetivo es fijo con un *zoom* más potente. Contienen visor LCD electrónico para encuadrar.
- **Cámaras réflex:** ofrecen la mejor calidad de imagen y más funciones. Son más grandes y pesadas que las anteriores. Su objetivo es intercambiable y su visor es óptico para encuadrar.

 ## Actividades

4. Reflexione sobre sus necesidades e intereses en la fotografía: ¿qué tipo de fotos le gusta tomar? ¿Con qué frecuencia utiliza una cámara? ¿Qué presupuesto tiene disponible? Compare las características y prestaciones del tipo de cámara elegida en función de sus necesidades y presupuesto. Identifique la cámara que mejor se adapte a sus requerimientos y considere las ventajas y desventajas de su opción.

2.3. Criterios técnicos para la elaboración de fotografías

La técnica es la base sobre la que se construye la expresión artística en la fotografía. Dominar los aspectos técnicos permite capturar la realidad de manera precisa y creativa, traduciendo la visión en imágenes impactantes. Algunos de estos aspectos técnicos son:

1. **Exposición correcta:** el triángulo de exposición, compuesto por la apertura del diafragma, la velocidad de obturación y la sensibilidad ISO, es fundamental para lograr una exposición correcta. Una exposición adecuada garantiza que la imagen no sea ni demasiado oscura ni demasiado clara, preservando los detalles y la tonalidad.
2. **Enfoque preciso:** la nitidez es crucial para una fotografía atractiva. Enfoque manual o automático, la clave está en seleccionar el punto de enfoque adecuado y asegurar que la zona importante de la imagen esté nítida.
3. **Composición equilibrada:** la composición es el arte de organizar los elementos dentro del encuadre. Líneas de fuerza, regla de los tercios, pa-

trones y simetría son herramientas que ayudan a crear composiciones equilibradas y visualmente atractivas.

4. **Iluminación adecuada:** la luz es la materia prima de la fotografía. Comprender la luz natural y artificial, sus direcciones, sombras y contrastes, permite crear imágenes con volumen, textura y atmósfera.

5. **Profundidad de campo:** la profundidad de campo determina la zona de la imagen que estará enfocada. Seleccionar una apertura adecuada permite controlar la profundidad de campo, aislando al sujeto o enfocando una amplia porción de la escena, según el efecto deseado.

6. **Calidad de la imagen:** utilizar equipos de calidad, objetivos adecuados y mantener una técnica de disparo correcta minimiza el ruido, las aberraciones y otros defectos que pueden afectar la calidad final de la imagen.

7. **Edición consciente:** la edición digital puede ser una herramienta poderosa para mejorar las fotografías. Sin embargo, es importante editar con moderación, respetando la esencia de la imagen capturada y evitando manipulaciones excesivas.

8. **Experimentación constante:** la fotografía es un proceso de aprendizaje continuo. Experimentar con diferentes técnicas, composiciones, luces y sujetos permite crecer como fotógrafo y descubrir nuevas formas de expresión.

9. **Paciencia y observación:** la fotografía requiere paciencia y observación. Saber esperar el momento oportuno, captar la luz adecuada y observar con atención la escena permite capturar imágenes únicas y llenas de significado.

10. **Pasión y creatividad:** la técnica es esencial, pero no es suficiente. La pasión por la fotografía y la creatividad son los ingredientes que convierten una simple imagen en una obra de arte.

 Actividades

5. Explore los diferentes métodos de enfoque, tanto manual como automático. Familiarícese con los conceptos *punto de enfoque y profundidad de campo,* y comprenda como enfocar con precisión el elemento principal de la imagen y controlar la nitidez de diferentes áreas.

Aplicación práctica

El ayuntamiento de su ciudad quiere realizar una exposición de fotografías antiguas de la ciudad y le ha pedido que prepare esa exposición.

Exponga los pasos que seguir para la creación de la exposición.

SOLUCIÓN

▌ **Paso 1: Materiales**

  ▪ Escáner con adaptador de diapositivas y negativos. Computadora con *software* de edición de imágenes *(Photoshop, GIMP,* etc.). Fotografías antiguas en diapositivas, negativos o papel.

▌ **Paso 2: Preparación**

  ▪ **Seleccionar las fotografías:** elegir las fotografías antiguas que se digitalizarán y editarán para la exposición.
  ▪ **Limpiar las fotografías:** limpiar cuidadosamente las diapositivas, negativos o fotografías en papel para eliminar el polvo, la suciedad y las huellas dactilares que puedan afectar a la calidad de la digitalización.
  ▪ **Preparar el escáner:** ajustar la configuración del escáner según el tipo de material que digitalizar (diapositiva, negativo o papel) y la resolución deseada.

▌ **Paso 3: Digitalización de las fotografías**

  ▪ **Digitalizar las fotografías:** escanear cada una de las fotografías seleccionadas y guardar los archivos en formato digital (JPEG, TIFF, etc.).
  ▪ **Nombrar los archivos:** utilizar un sistema de nomenclatura claro y organizado para los archivos digitales, incluyendo información sobre la fecha, el lugar, el autor y la descripción de la fotografía.

▌ **Paso 4: Edición de las fotografías**

  ▪ **Abrir las fotografías en el *software* de edición:** importar las fotografías digitalizadas al *software* de edición de imágenes elegido.
  ▪ **Ajustar el brillo y el contraste:** ajustar el brillo y el contraste de las fotografías para mejorar su calidad visual y compensar posibles deterioros por el paso del tiempo.

Continúa en página siguiente >>

<< Viene de página anterior

- **Reducir el ruido:** reducir el ruido digital de las fotografías para eliminar imperfecciones y mejorar la nitidez.
- **Corregir el color:** corregir el color de las fotografías para compensar el desgaste, la decoloración o los cambios de color que puedan haber sufrido con el tiempo.
- **Mejorar la nitidez:** aplicar técnicas de nitidez para mejorar la definición de los detalles en las fotografías.
- **Retocar imperfecciones**: eliminar o minimizar imperfecciones como manchas, polvo o rasgaduras en las fotografías.
- **Ajustar el tamaño y la resolución**: ajustar el tamaño y la resolución de las fotografías según los requisitos de la exposición.

Paso 5: Gestión del color

- **Calibrar el monitor:** calibrar el monitor de la computadora para asegurar una representación precisa de los colores en las fotografías.
- **Ajustar el perfil de color:** ajustar el perfil de color de las fotografías para que coincida con el espacio de color en el que se imprimirán o exhibirán.
- **Convertir el espacio de color:** convertir el espacio de color de las fotografías si es necesario, por ejemplo, de RGB a CMYK para impresión.

Paso 6: Selección y organización de las fotografías

- **Seleccionar las fotografías finales:** seleccionar las fotografías editadas que mejor representen la temática de la exposición y que tengan la calidad técnica adecuada.
- **Organizar las fotografías:** organizar las fotografías seleccionadas en una secuencia narrativa o temática coherente para la exposición.
- **Preparar los materiales de la exposición:** preparar los materiales de la exposición, como etiquetas, descripciones de las fotografías y paneles informativos.

2.4. Encuadre, velocidad, profundidad de campo, diafragma, color e iluminación

El encuadre en fotografía es la porción de la escena que se selecciona y captura dentro de los límites de la imagen. Es el proceso de decidir qué elementos incluir y excluir del encuadre, y cómo posicionarlos dentro de este. Un buen encuadre es esencial para crear fotografías impactantes y transmitir un mensaje claro al espectador.

Composición

La composición es la distribución de elementos dentro de una fotografía. Es el arte de organizar los objetos y el espacio en el encuadre, para crear una imagen que transmita un mensaje claro y atraiga la atención del espectador. La composición efectiva no se trata de reglas estrictas, sino de comprender cómo los diferentes elementos interactúan entre sí y cómo afectan la percepción de la imagen.

Dos fotografías de la misma escena, con los mismos elementos y parámetros de disparo, pueden tener mensajes completamente opuestos dependiendo de cómo se distribuyan los elementos en el encuadre. Una buena composición puede:

- **Enfatizar un sujeto principal:** guiar la mirada del espectador hacia el elemento más importante de la fotografía.
- **Crear armonía y equilibrio:** distribuir los elementos de manera que generen una sensación de orden y balance visual.
- **Transmitir emociones:** evocar sentimientos específicos en el espectador a través de la disposición de los elementos y la elección de técnicas compositivas.
- **Contar una historia:** guiar al espectador a través de la imagen, creando una narrativa visual que enganche su atención.

Actividades

6. Tome su cámara y experimenta con diferentes técnicas de composición en sus fotografías. Pruebe distintas reglas, perspectivas, encuadres y distribuciones de elementos para observar cómo cambia el efecto en sus imágenes.

Principios básicos de composición

Si bien existen pautas que ayudan a crear composiciones efectivas, la fotografía es un arte que fomenta la experimentación y la creatividad. No hay que tener miedo de romper las reglas si la visión artística lo requiere.

Toda composición debe tener un elemento que destaque y llame la atención del espectador. Este elemento puede ser un objeto, una persona, un punto de interés o incluso una emoción.

Se evitarán elementos innecesarios que distraigan la atención del sujeto principal. Una composición simple y limpia permite que el espectador se concentre en lo esencial.

Las líneas pueden guiar la mirada del espectador a través de la imagen, mientras que los puntos crean áreas de interés y atraen la atención.

Hay que dividir el encuadre en nueve partes iguales mediante dos líneas horizontales y dos verticales. Los puntos de intersección y las líneas en sí mismas son excelentes ubicaciones para colocar el sujeto principal o elementos importantes de la composición. Es la regla de los tres tercios.

Se busca crear un equilibrio visual entre los elementos de la composición. Esto puede lograrse distribuyendo los elementos de manera simétrica o asimétrica, utilizando colores y texturas contrastantes, o jugando con el espacio vacío.

Se prestará atención a lo que se incluya y se excluya del encuadre. Hay que eliminar elementos que no aporten a la composición y asegurarse de que el sujeto principal esté bien enmarcado.

Se debe experimentar con diferentes perspectivas, como la altura de la cámara o el ángulo de disparo, para crear una sensación de profundidad y dinamismo en la imagen.

Actividades

7. Explore en internet dos fotografías que capturen el mismo tema o escena, pero que utilicen enfoques compositivos significativamente diferentes. Analice las fotografías, identificando los elementos compositivos y las técnicas utilizadas. Preste atención a cómo la composición difiere en cada imagen y cómo estas diferencias impactan visualmente en la fotografía.

Velocidad

Estos dos conceptos suelen generar confusión: velocidad de obturación y tiempo de exposición. Si bien a menudo se utilizan indistintamente, en realidad son dos caras de la misma moneda. Ambos términos se refieren a la cantidad de tiempo que el obturador de la cámara permanece abierto, permitiendo que la luz llegue al sensor y exponga la imagen.

Los valores bajos de velocidad generan un aspecto borroso en las imágenes.

Definición

Velocidad de obturación
Se expresa en fracciones de segundo (por ejemplo, 1/125s), e indica la rapidez con la que se abre y cierra el obturador. Valores más altos de velocidad de obturación capturan menos luz, pero congelan el movimiento, mientras que valores más bajos permiten más luz pero pueden generar imágenes borrosas.

Tiempo de exposición
Se expresa en segundos (por ejemplo, 1s) y representa la duración total de la exposición a la luz. Es equivalente a la velocidad de obturación, pero se utiliza con menos frecuencia.

Actividades

8. Nombre algunos ejemplos de situaciones en las que usaría una velocidad de obturación rápida en comparación con una velocidad de obturación lenta.

Profundidad de campo

La profundidad de campo es un concepto básico en fotografía que se refiere a la zona de la escena que aparece nítida en la imagen. En otras palabras, es la distancia entre el punto más cercano al objetivo que está enfocado y el punto más lejano que también se ve nítido.

La profundidad de campo funciona de la siguiente manera:

1. **Apertura del diafragma:** cuando el diafragma está abierto (número f bajo), hay menor profundidad de campo, el fondo se difumina y el sujeto se resalta. Esto es ideal para retratos.

2. **Diafragma cerrado:** cuando el diafragma está cerrado (número f alto) hay mayor profundidad de campo, todo en la escena se ve nítido. Es ideal para fotografía de paisajes.

Distancia focal

Se trata de la distancia entre el centro de la lente y el sensor de la cámara, y se mide en milímetros (mm). Cuanto mayor sea el número de milímetros, más "acercada" será la imagen, mientras que un número menor te dará una vista más amplia. Esto afecta a la profundidad de campo.

1. **Cuando la distancia es corta,** hay mayor profundidad de campo, incluso con aperturas de diafragma amplias.
2. **Cuando la distancia focal es larga,** hay menor profundidad de campo, incluso con aperturas cerradas.

Distancia al modelo

1. **Modelo cercano:** menor profundidad de campo, por lo que el fondo se difumina más.
2. **Modelo lejano:** mayor profundidad de campo, por lo que todo en la escena se ve nítido.

Dominar la profundidad de campo permite controlar la atención del espectador en las fotografías. Se puede utilizar para:

- **Aislar al modelo:** con un diafragma abierto y una distancia focal larga se crea un difuminado del fondo para dirigir la mirada hacia el modelo principal.
- **Mostrar todo el contexto:** un diafragma cerrado y una distancia focal corta captura una escena con gran detalle, ideal para paisajes.
- **Creación de sensaciones diferentes:** una profundidad de campo reducida puede transmitir dinamismo y acción, mientras que una profundidad amplia genera una sensación de calma y serenidad.

Apertura

| F32 | F22 | F16 | F11 | F8 | F 5.6 | F 4 | F2.8 | F2 | F1.4 |

| Más oscuro | Luz | Más brillante |
| Mucha profundidad | Profundidad de campo | Poca profundidad |

Relación de apertura de diafragma y profundidad de campo

Actividades

9. Tome su cámara y experimente con la profundidad de campo en diferentes situaciones. Pruebe distintos ajustes de diafragma, distancia focal y distancia al sujeto para observar cómo cambia el efecto en sus imágenes.

Diafragma

El diafragma en fotografía es un componente crucial del objetivo, pues regula la cantidad de luz que le entra al sensor de la cámara. Funciona como un iris ajustable, abriéndose y cerrándose para controlar el flujo lumínico. Su apertura se mide en números f.

El número f es una medida de la apertura del diafragma de una cámara y determina la cantidad de luz que llega al sensor. Se calcula como la relación entre el diámetro del diafragma y la distancia focal del objetivo. Es una forma más precisa de medir la apertura del diafragma que simplemente el área del orificio. Esto se debe a que tiene en cuenta la distancia focal de objetivo, lo que permite comparar la apertura de diafragmas de diferentes objetivos de manera más justa.

Importante

A mayor número f, menor apertura del diafragma, y por lo tanto, menos luz que llega al sensor. A menor número f, mayor apertura del diafragma y más luz que llega al sensor.

Abrir un paso el diafragma significa aumentar el tamaño del orificio del diafragma en un factor de 1.41, lo que duplica la cantidad de luz que llega al sensor. Cerrar un paso el diafragma significa disminuir el tamaño del orificio del diafragma en un factor de 1.41, lo que reduce a la mitad la cantidad de luz que llega al sensor.

Algunos valores comunes de número f son f/1.4, f/2, f/2.8, f/4, f/5.6, f/8, f/11 y f/16.

Nota

Para realizar la exposición correctamente hay que fijar un parámetro y ajustar los demás en consecuencia. Utilizar el histograma para verificar la exposición y experimentar con diferentes combinaciones de ajustes y dominar la técnica del triángulo de exposición.

Actividades

10. Busque y analice ejemplos de fotografías que muestren un uso efectivo de la profundidad de campo y la apertura del diafragma. Observe cómo los fotógrafos han utilizado estos elementos para lograr diferentes composiciones, transmitir emociones o contar historias a través de sus imágenes.

Aplicación práctica

Tiene la oportunidad de realizar el curso de fotoperiodismo que quería y le han pedido que elabore un portafolio fotográfico para postularse a ese curso, para demostrar sus habilidades en la composición, encuadre, iluminación y manejo de la cámara.

Elija un evento, un lugar, etc. de interés periodístico y exponga los pasos que seguir para la elaboración del portafolio.

SOLUCIÓN

I Paso 1: Material

- I Cámara réflex. Lentes. Trípode (opcional). Iluminación artificial o natural. Temas de interés periodístico (eventos, protestas, manifestaciones, etc.).

I Paso 2: Preparación

- I **Definir un tema:** elegir un tema de interés periodístico que le apasione y que le permita demostrar tus habilidades fotográficas y su capacidad para contar historias a través de imágenes.
- I **Planificar la cobertura:** investigar sobre el tema elegido, identificar posibles ubicaciones para realizar fotografías y planificar el calendario de trabajo.
- I **Preparar el equipo:** revisar el estado de la cámara, lentes y accesorios para estar seguro de que funcionan correctamente.

I Paso 3: Realización de la cobertura fotográfica

- I **Capturar imágenes de calidad:** aplicar los conocimientos de composición, encuadre, iluminación y manejo de la cámara para capturar fotografías impactantes y que transmitan la esencia del tema elegido.
- I **Variedad de planos:** utilizar diferentes distancias focales para obtener una variedad de planos (general, detalle, retrato) y enriquecer la narrativa visual.
- I **Secuencias narrativas:** capturar secuencias de imágenes que cuenten una historia completa sobre un evento o situación específica.
- I **Momentos decisivos:** buscar capturar los momentos decisivos y reveladores que definan la historia que se quiere contar.
- I **Condiciones de iluminación:** adaptarse a diferentes condiciones de iluminación, utilizando técnicas de iluminación natural o artificial cuando sea necesario.

Continúa en página siguiente >>

<< Viene de página anterior

▌ Paso 4: Selección y edición de las fotografías

- **Revisar el material:** visualizar todas las fotografías capturadas y seleccionar las que mejor representen el tema y la narrativa visual.
- **Edición básica:** realizar ajustes básicos de luz, color y contraste para mejorar la calidad de las imágenes seleccionadas.
- **Leyendas y pies de foto:** escribir descripciones informativas y atractivas para cada fotografía, lo que contextualizará la escena y aportará valor a la narrativa.

▌ Paso 5: Creación del portafolio

- **Selección final:** elegir las mejores fotografías del proyecto, teniendo en cuenta la variedad de planos, la calidad técnica y la fuerza narrativa de cada imagen.
- **Secuenciación:** ordenar las fotografías de forma que cuenten una historia coherente y cautiven al espectador.
- **Diseño y maquetación:** diseñar un portafolio atractivo y profesional, utilizando un *software* de diseño o plantillas predefinidas.
- **Presentación:** preparar el portafolio en formato físico o digital, según las especificaciones del curso de fotoperiodismo.

Color

La teoría del color es un pilar fundamental en el ámbito de la fotografía y el diseño gráfico. Ofrece un marco de referencia para comprender la naturaleza del color, su percepción y las interacciones que se producen entre ellos. Esta base teórica permite crear composiciones cromáticas armoniosas y efectivas, y dotar a las imágenes de un mayor impacto visual y comunicativo.

Los elementos básicos del color son:

- **Matiz:** el matiz define la cualidad intrínseca de un color, aquello que lo diferencia de los demás. Se asocia a la longitud de onda dominante de la luz, determinando si se percibe un color rojo, azul, verde o cualquier otra tonalidad del espectro visible.

- **Saturación:** la saturación se refiere a la intensidad o pureza de un color. Un color saturado es aquel que posee una alta concentración de su matiz, percibiéndose como vivo y vibrante; por el contrario, un color desaturado presenta una menor concentración de su matiz, resultando más opaco y pálido.
- **Brillo:** el brillo define la claridad u oscuridad de un color. Un color claro refleja una mayor cantidad de luz, mientras que un color oscuro la absorbe en mayor medida. Esta característica permite diferenciar entre tonos claros y oscuros de un mismo color, como por ejemplo un azul claro y un azul marino.

Modelos de color

Los modelos de color son sistemas que permiten representar y cuantificar los colores. Dos de los modelos más utilizados son:

- **Modelo RGB:** el modelo RGB *(red, green, blue)* se basa en la mezcla aditiva de luz roja, verde y azul. Es el modelo utilizado en pantallas digitales y cámaras fotográficas, ya que permite reproducir una amplia gama de colores a través de la combinación de estas tres luces primarias.
- **Modelo CMYK:** el modelo CMYK *(cyan, magenta, yellow, key- black)* se basa en la mezcla sustractiva de luz. Se utiliza principalmente en la impresión, ya que permite obtener una amplia gama de colores a través de la superposición de tintas de cian, magenta, amarillo y negro.

 Actividades

11. ¿Cómo se puede utilizar el color para crear contrastes en sus composiciones y dirigir la atención del espectador hacia elementos específicos?

Sensibilidad ISO

La sensibilidad ISO es una medida de la reacción del sensor de la cámara a la luz. Cuanto mayor sea la sensibilidad, menos luz necesita la cámara para crear una imagen correctamente expuesta.

La sensibilidad ISO se mide en una escala que comienza en ISO 100. Los valores más altos indican mayor sensibilidad.

La sensibilidad afecta a la imagen de diferentes maneras:

- **Ruido:** a mayor sensibilidad ISO, mayor cantidad de ruido en la imagen.
- **Grano:** el grano es un tipo de ruido que da a la imagen una textura rugosa. A mayor sensibilidad ISO, mayor cantidad de grano.
- **Profundidad de campo:** la profundidad de campo es la zona de la imagen que está enfocada. A mayor sensibilidad ISO, menor profundidad de campo.

¿Cuándo usar cada valor ISO?

- **ISO bajo (100-200):** ideal para condiciones de buena luz, cuando se necesita una imagen con poco ruido y gran profundidad de campo.
- **ISO medio (400-800):** adecuado para condiciones de luz menos favorables, cuando se necesita un equilibrio entre ruido y calidad de imagen.
- **ISO alto (1600 o superior):** útil para condiciones de luz muy baja, cuando la prioridad es obtener una imagen correctamente expuesta, aunque con más ruido y menos profundidad de campo.

La sensibilidad ISO es una herramienta poderosa que permite controlar la exposición de tus imágenes en diferentes condiciones de luz. Es importante comprender cómo afecta la sensibilidad ISO a la imagen para elegir el valor adecuado para cada situación.

El triángulo de exposición

En el mundo de la fotografía, el triángulo de exposición se rige como un concepto fundamental para comprender y controlar la luz, elemento esencial a la hora de capturar imágenes con la calidad deseada. Este triángulo se compone de tres pilares relacionados entre sí: apertura del diafragma, velocidad de obturación y sensibilidad ISO. La correcta interacción entre estos tres elementos determina la exposición final de la fotografía.

Apertura del diafragma

La apertura del diafragma, medida en *f-stops* (f/2.8, f/8, f/22), regula la cantidad de luz que ingresa al objetivo a través de las láminas del diafragma.

- **Aperturas amplias (menor número f):** permiten mayor entrada de luz, resultando en imágenes más brillantes, con menor profundidad de campo (fondo difuminado).
- **Aperturas pequeñas (mayor número f):** reducen la cantidad de luz, generando imágenes más oscuras y con mayor profundidad de campo (fondo enfocado).

Velocidad de obturación

La velocidad de obturación, medida en segundos o fracciones de segundo (1/125 s, 1 s, 4 s), determina el tiempo que el obturador permanece abierto durante la exposición.

- **Velocidades de obturación rápidas:** capturan el movimiento con nitidez, congelan la acción y permiten utilizar aperturas más amplias en condiciones de poca luz.
- **Velocidades de obturación lentas:** permiten mayor entrada de luz. Resultan ideales para situaciones de poca luz o para crear efectos de movimiento borroso (cascadas, luces de la ciudad en movimiento).

Sensibilidad ISO

La sensibilidad ISO mide la sensibilidad del sensor de la cámara a la luz. Se expresa en valores ISO (ISO 100, ISO 400, ISO 3200).

- **Mayor sensibilidad (mayor ISO):** permite capturar imágenes con menos luz, pero aumenta el ruido digital en la fotografía.
- **Menor sensibilidad (menor ISO):** requiere más luz para una correcta exposición, pero produce imágenes con menos ruido.

La clave para lograr una exposición adecuada radica en encontrar el equilibrio entre estos tres elementos. Ajustando cada uno, se controla la cantidad de luz que llega al sensor y se obtienen diferentes efectos creativos.

Dominar el triángulo de exposición es esencial para cualquier fotógrafo. Al comprenderlo y utilizarlo de forma efectiva, se adquiere el control sobre la cámara y se logra capturar imágenes con la exposición perfecta para cada situación, plasmando así la visión creativa del fotógrafo de manera precisa y con el impacto visual deseado.

 Actividades

12. Póngase en práctica realizando diferentes tomas con distintos valores ISO en diversas condiciones de iluminación. Observe cómo la sensibilidad ISO afecta al ruido, el grano y la profundidad de campo en sus fotografías. Para ello deberá realizar fotografías en la que la luz ambiental sea baja. Pueden ser fotografías nocturnas, realizando estas a personas, paisajes u objetos, ya sean estáticos o en movimiento.

2.5. Descarga de imágenes

La descarga de imágenes de la cámara al ordenador es un paso crucial en el flujo de trabajo fotográfico. Se debe realizar de manera eficiente y segura para garantizar la transferencia y conservación de las capturas. A continuación, se presenta una guía para este proceso.

Dispositivos de almacenamiento

Existen diversos dispositivos de almacenamiento para albergar las imágenes, cada uno con sus propias ventajas y desventajas:

- **Tarjetas de memoria:** es el medio de almacenamiento más común en cámaras digitales. Vienen en diferentes capacidades y velocidades. Se recomienda usar tarjetas de alta calidad y marcas de las que se pueda fiar.
- **Lectores de tarjetas:** permiten transferir imágenes desde la tarjeta de memoria al ordenador. Existen diferentes tipos según la tarjeta.
- **Discos duros externos:** ideales para almacenar grandes cantidades de imágenes. Se conectan al ordenador mediante USB.
- **Almacenamiento en la nube:** permite almacenar imágenes en línea y acceder a ellas desde cualquier dispositivo con conexión a internet. Es conveniente para copias de seguridad y acceso remoto.

Métodos de transferencia

Existen diferentes métodos para transferir imágenes desde la cámara a otro dispositivo:

- **Cable USB:** la forma más común y sencilla. Se conecta la cámara al ordenador mediante el cable USB incluido. El ordenador reconocerá la cámara y permitirá acceder a las imágenes.
- ***Software* de la cámara:** muchos fabricantes ofrecen *software* específico para transferir imágenes. Este *software* suele ofrecer funciones adicionales.
- **Lectores de tarjetas:** se inserta el lector en el puerto USB del ordenador y se accede a las imágenes almacenadas en la tarjeta de memoria.
- **Wifi:** algunas cámaras actuales permiten transferir imágenes de forma inalámbrica. Se debe instalar una aplicación específica y seguir las instrucciones del fabricante.

3. Escaneado

En el diseño gráfico, la digitalización de imágenes juega un papel fundamental. Es ahí donde el escáner se convierte en una herramienta importantísima. Este dispositivo permite capturar imágenes y convertirlas en archivos digitales, para después poder ser editados y utilizados en gran variedad de proyectos.

3.1. Tipos de escáner

No todos los escáneres son iguales. Existen diferentes tipos y cada uno con sus propias características. Conocer las distintas opciones disponibles permite elegir el escáner que mejor se adapte a las necesidades de un proyecto de diseño.

Algunos de los diferentes tipos son:

- **Escáner plano:** son los más comunes y versátiles. Permiten escanear documentos, fotografías o libros. Su funcionamiento se basa en un cabezal móvil que se desplaza sobre el material que escanear.
- **Escáneres de tambor:** este tipo de escáner ofrece una calidad de imagen superior a los de tipo plano. Su principal uso es para escanear diapositivas y películas. El material que escanear se coloca sobre un tambor giratorio, el cual pasa por debajo de un sensor de luz.
- **Escáneres portátiles:** son dispositivos más pequeños y ligeros. Es más fácil el llevarlos consigo a cualquier lugar. Permiten escanear documentos y fotografías de forma sencilla y rápida. Su calidad es más baja que la de los escáneres planos, pero lo suficiente para la mayoría de las necesidades básicas. Funcionan mediante una cámara que se desplaza sobre el material que escanear.

3.2. El proceso de escaneado

El proceso de escaneado implica la conversión de una imagen física, como un documento o fotografía, en un archivo digital. El proceso de escaneado tiene varias **fases.**

Preparación

Se coloca el documento boca abajo sobre el cristal del escáner. Hay que asegurarse de que esté alineado correctamente y que no haya ningún objeto o partícula entre la imagen el cristal.

Se cierra la tapa del escáner, lo que ayuda a asegurar una mejor calidad de imagen y evita la entrada de luz externa.

Se enciende el escáner y se conecta al ordenador. Si fuera necesario se instala el *software* de control del escáner.

Configuración del escaneo

Se abre el *software* de control del escáner. Se selecciona el tipo de documento que se desea escanear. Se elige la resolución de escaneo ya que esto determinará la cantidad de detalle que se capturará en la imagen digital.

Se selecciona el formato de archivo de salida. Los más comunes son JPEG, PNG o PDF.

Inicio del escaneo

Se hace clic en el botón **Escanear** o **Inicio de escaneo.** A partir de aquí el escáner moverá el cabezal de escaneo sobre la imagen y capturará la imagen.

El tiempo que tarde en escanear dependerá del tamaño y la complejidad de la imagen, así como de la resolución que se haya seleccionado.

Visualización y guardado del archivo

Una vez finalizado el escaneo, la imagen digital se mostrará en la pantalla del ordenador. Se puede utilizar el *software* de control del escáner para el ajuste de la imagen. En este caso se dan opciones de recorte, rotación, y ajustes de brillo y contraste, por ejemplo.

Cuando se está satisfecho con la imagen, se guarda en el ordenador, tras elegir la ubicación y nombre del archivo.

Importante

Es importante mantener el cristal del escáner limpio y libre de polvo para obtener la mejor calidad de imagen.

Actividades

13. Busque y analice ejemplos de trabajos de diseño gráfico que hayan utilizado el escaneo como herramienta fundamental para la creación de imágenes o la incorporación de elementos gráficos. ¿En qué tipo de proyectos de diseño gráfico consideras más útil el uso de un escáner de tambor? ¿Qué ventajas e inconvenientes tiene el uso de un escáner portátil en comparación con un escáner plano?

3.3. Características técnicas de los escáneres

La amplia variedad de modelos de escáneres que se presentan en el mercado puede dificultar la elección del adecuado. Para ello es vital conocer las características técnicas más importantes que se deben tener en cuenta a la hora de tomar una decisión.

Resolución

La resolución se mide en píxeles por pulgada (ppp), lo que determina la cantidad de detalle que se puede capturar en el escaneo. Una mayor resolución significa imágenes más nítidas y con mayor definición, pero implica archivos más grandes. Si se utilizara para fotografías y trabajos de impresión en alta calidad, lo más recomendable es una resolución de 300 ppp o superior.

Profundidad de bits

La profundidad de bits indica la cantidad de información de color que se captura en el escaneo. Se mide en bits por canal (bpp) y determina la gama de colores que se pueden representar. Por tanto, una mayor profundidad de bits se traduce en imágenes con colores más ricos y vibrantes, pero también implica que los archivos sean más grandes. En trabajos con fotografías e impresión de alta calidad, lo más recomendable es una profundidad de 48 bits o superior. Para imágenes más simples con una profundidad de 24 bits es suficiente.

Área de escaneo

El área de escaneo define el tamaño máximo de la imagen que se puede escanear. Es importante elegir un escáner con un área de escaneo lo suficientemente grande para las necesidades que se presenten.

Velocidad de escaneo

La velocidad de escaneo se mide en páginas por minuto (ppm), e indica la rapidez con la que el escáner puede digitalizar imágenes.

Conectividad

La mayoría de los escáneres se conectan al ordenador a través de cable USB, aunque algunos modelos también ofrecen conectividad wifi o *bluetooth,* lo que permite que se pueda hacer el escaneo de forma inalámbrica.

 Actividades

14. ¿Qué importancia tiene la calidad del escaneo en el resultado final de un proyecto de diseño gráfico?

3.4. Calibración, resolución, formatos, color y calidad

Hay algunos aspectos específicos que resultan importantes a la hora de obtener resultados óptimos en la digitalización de la imagen.

Calibración

La calibración del escáner es fundamental de cara a garantizar que los colores capturados sean lo más fieles posibles al original. Un escáner mal calibrado puede producir resultados con dominancia de color, tonos inexactos o diferencias entre escaneos.

Existen dos métodos principales para calibrar un escáner:

- **Calibración manual:** implica el uso de una carta de color física y *software* específico para ajustar los parámetros del escáner. Ofrece mayor control, pero puede ser complejo.
- **Calibración automática:** muchos escáneres modernos la incluyen utilizando *software* integrado o herramientas del fabricante. Es más sencilla, pero puede no ser tan precisa.

Resolución

Para elegir la resolución adecuada, se debe considerar el uso final de la digitalización:

- **Impresión:** para impresiones de alta calidad, se recomienda una resolución de 300 ppp o superior.
- **Edición digital:** para editar imágenes en el ordenador, una resolución de 150-200 ppp puede ser suficiente.
- **Documentos de texto:** para documentos de texto simples, una resolución de 100 ppp puede ser suficiente.

Formatos

Los escáneres permiten guardar las digitalizaciones en diferentes formatos de archivo, cada uno con sus características y aplicaciones:

- **JPEG:** es un formato comprimido que ofrece un buen equilibrio entre calidad y tamaño de archivo. Resulta ideal para imágenes web y uso general.
- **TIFF:** es un formato sin comprimir que conserva toda la información de la imagen original. Resulta ideal para archivos de alta calidad y edición profesional.
- **PNG:** es un formato sin comprimir que admite transparencia. Resulta ideal para imágenes con elementos gráficos o logos.
- **PDF:** es un formato que permite almacenar documentos con texto, imágenes y diseño de página. Resulta ideal para documentos electrónicos y distribución.

Color

Los escáneres ofrecen diferentes opciones de color para capturar la gama cromática de los documentos o imágenes:

- **Color:** captura todo el espectro de colores. Es ideal para fotografías e imágenes a color.
- **Escala de grises:** captura solo los diferentes tonos de gris. Es ideal para documentos de texto o imágenes en blanco y negro.

Calidad

La calidad de las digitalizaciones depende de varios factores: resolución, profundidad de bits, calibración y estado del escáner. Para obtener resultados profesionales, se debe:

- Utilizar la resolución adecuada para el uso final de la digitalización.
- Seleccionar la profundidad de bits adecuada para capturar la gama de colores necesaria.
- Calibrar el escáner regularmente para garantizar la precisión del color.

■ Mantener el escáner limpio y libre de polvo para evitar que afecte a la calidad de las imágenes.

Aplicación práctica

Es el cumpleaños de su abuelo y toda la familia quiere hacerle un regalo. Se trata de un documental familiar con fotografías o diapositivas antiguas que recopile la historia y los recuerdos de la familia. Así que le han designado para esta tarea.

Elabore un listado con las tareas que debe tener en cuenta para la elaboración del documental.

SOLUCIÓN

❙ Paso 1: Materiales

❙ Escáner de diapositivas (o adaptador para escáner plano). *Software* de control del escáner. Ordenador. Guion o esquema del documental familiar.

❙ Paso 2: Preparación

❙ **Colocar el negativo** en el escáner de diapositivas (o adaptador para escáner plano).

❙ Paso 3: Configuración del escaneo

❙ **Seleccionar el tipo de documento:** diapositiva
❙ **Resolución:** se recomienda una resolución de 300 ppp o superior.
❙ **Formato de archivo:** JPEG, PNG, TIFF, etc.

❙ Paso 4: Inicio del escaneo

❙ **Escanear** cada una de las diapositivas.

❙ Paso 5: Visualización y guardado del archivo

❙ **Visualización:** comprobar que esté correcta cada imagen.
❙ **Guardar:** guardado de las imágenes en una ubicación creada.

Continúa en página siguiente >>

<< Viene de página anterior

▮ **Paso 6: Edición y organización de las imágenes:**

  ▮ **Edición:** editar las imágenes digitalizadas si es necesario.
  ▮ **Organizar las imágenes** por fecha, evento o tema.
  ▮ **Renombrar las imágenes** con nombres descriptivos para identificarlas fácilmente.

▮ **Creación del documental familiar:**

  ▮ **Edición de vídeo** para crear el documental familiar.
  ▮ **Exportar** en un formato de vídeo adecuado para compartirlo.

3.5. Gestión de las imágenes: almacenamiento, copia, cambio de formato de archivo

La gestión eficiente de las imágenes es necesaria para mantener un flujo de trabajo organizado y productivo. Esto implica el almacenamiento adecuado de los archivos y la realización de copias de seguridad, pasando por la conversión de formatos y la edición. Algunas prácticas recomendadas para la gestión de imágenes son las siguientes.

Almacenamiento

  ■ **Ubicación centralizada:** es fundamental contar con una ubicación centralizada para almacenar todas las imágenes. Esto puede ser un disco duro externo, un servicio de almacenamiento en la nube o una combinación de ambos.
  ■ **Estructura de carpetas organizada:** hay que crear una estructura de carpetas clara y lógica que refleje la organización de los proyectos. Esto permite encontrar fácilmente los archivos necesarios y mantener un orden.
  ■ **Nombres de archivo descriptivos:** se deben asignar nombres de archivo descriptivos a las imágenes que incluyan información relevante, como el proyecto al que pertenecen, el tema o la descripción de la imagen. Esto facilitará la búsqueda y la identificación de los archivos.

Copias de seguridad

- **Realizar copias de seguridad con regularidad:** es fundamental para evitar pérdidas de datos en caso de fallos del disco duro, robos o errores humanos.
- **Opciones de copia de seguridad en la nube:** existen diversos servicios de almacenamiento en la nube que ofrecen planes de copia de seguridad automatizada, como *Dropbox, Google Drive* o *iCloud.*

Cambio de formato de archivo

- **Comprender los diferentes formatos:** se debe familiarizar con los diferentes formatos de archivo de imagen más comunes, como JPEG, PNG, TIFF, PSD y RAW. Cada formato tiene sus propias características, ventajas y desventajas.
- **Conversión de formato:** para esto se utiliza un *software* de edición de imágenes o herramientas específicas para convertir imágenes de un formato a otro. Se debe tener en cuenta que la conversión entre formatos con pérdida (como JPEG) y formatos sin pérdida (como PNG) puede afectar la calidad de la imagen.
- **Optimización para diferentes usos:** hay que elegir el formato de archivo adecuado para cada uso final. Por ejemplo, JPEG es ideal para imágenes web por su tamaño comprimido, mientras que TIFF o RAW son mejores para la edición profesional y la impresión de alta calidad.

Edición básica

Existen diversos programas de edición de imágenes disponibles, desde opciones gratuitas como GIMP hasta *software* profesional como *Adobe Photoshop.*

Con este tipo de programas se pueden realizar ajustes básicos a las imágenes como brillo, contraste, saturación, nitidez y balance de blancos para mejorar su apariencia general. Se pueden eliminar imperfecciones como polvo, manchas u ojos rojos. También se pueden crear efectos creativos a las imágenes, como filtros, texturas o superposiciones, para darles un toque único y personal.

Actividades

15. Investigue diferentes servicios de almacenamiento en la nube *(Dropbox, Google Drive, iCloud,* etc.) y compare sus características, precios y ventajas para realizar copias de seguridad.

4. Obtención de imágenes en banco de imágenes

La búsqueda y selección de imágenes adecuadas es una tarea necesaria para el éxito de un proyecto. Los bancos de imágenes se han convertido en una herramienta necesaria para los profesionales, pues ofrecen una amplia variedad de recursos visuales de alta calidad.

Los bancos de imágenes son plataformas digitales que albergan una extensa colección de fotografías, ilustraciones, vectores e íconos libres de derechos o con licencia de uso, disponibles para su descarga y uso en proyectos creativos. Estos recursos visuales están categorizados por temas, estilos, colores y otros criterios, lo que facilita su búsqueda y selección.

Se recurre a este tipo de plataformas o webs por su amplia variedad de recursos ofrecidos. Esto permite encontrar la imagen perfecta para cada caso. La calidad de estas imágenes disponibles tiene una alta resolución para poder conseguir un resultado óptimo en los diseños.

Ofrecen diferentes tipos de licencias de uso, lo que permite elegir las que mejor vayan a las necesidades y presupuesto. Además, buscar y descargar imágenes de estos bancos es un proceso muy rápido y sencillo, se ahorra gran esfuerzo y tiempo. Por último, otra ventaja es que se actualizan constantemente con nuevos contenidos, lo que asegura que siempre se tenga acceso a las últimas tendencias visuales.

4.1. Tipos de bancos de imágenes y acceso

Entre los tipos de bancos de imágenes los hay gratuitos y de pago, cada uno con sus características.

Bancos de imágenes gratuitos

Ofrecen imágenes libres de derechos o con licencia *Creative Commons.* Las imágenes suelen ser de alta calidad, aunque la variedad puede ser menor que en los bancos de pago.

Son ideales para proyectos con presupuestos limitados o uso personal. Entre ellos, los más populares son *Pixabay, Unsplash* o *Pexels.*

Bancos de imágenes de pago

Ofrecen una amplia gama de imágenes de alta calidad con licencia de uso comercial. Suelen tener planes de suscripción o compras por imagen individual. También permiten un mayor control sobre la licencia de uso y el derecho a uso comercial. Entre los más populares están *Shutterstock, Adobe Stock* o *Istock.*

Además de estos tipos principales, existen algunos bancos más especializados que ofrecen contenido específico como:

- Banco de imágenes de vectores: *Freepik, Vecteezy.*
- Bancos de imágenes de iconos: *iconfinder, Flaticon.*

 Actividades

16. Busque ejemplos de bancos de imágenes que se adapten a diferentes necesidades y presupuestos. Analice su oferta de imágenes, características y planes de suscripción.

Aplicación práctica

Le han propuesto para crear un póster para la publicidad y promoción de un concierto de su ciudad. Para ello deberá elegir un evento musical que se realice en tu localidad y elaborar un póster promocional sobre el grupo que actuará, determinando los datos específicos de la fecha y lugar del evento, venta de entradas etc. Para finalizar, debe prepararlo para impresión.

Elabore un listado de los pasos que tener en cuenta para la creación de esta publicidad.

SOLUCIÓN

▮ **Paso 1: Materiales**

  ▮ Computadora con acceso a internet. *Software* de diseño gráfico (por ejemplo, *Adobe Photoshop, Illustrator o GIMP)*. Un banco de imágenes gratuito o de pago (opcional).

▮ **Paso 2: Procedimiento**

  ▮ **Definición del concierto:** elija un género musical específico para el concierto (por ejemplo, *rock, pop, indie).* Imagine el nombre de la banda o artista principal. Determine la fecha, hora y lugar del evento.
  ▮ **Investigación y búsqueda de imágenes:** acceda a un banco de imágenes y busque imágenes relacionadas.
  ▮ **Composición del póster:** las dimensiones serán A3 o A2. Importe la imagen principal. Incorpore las imágenes complementarias alrededor de la imagen principal.
  ▮ **Refinamiento y ajustes:** ajuste el brillo, contraste y saturación de las imágenes para lograr una armonía visual.
  ▮ **Descarga y distribución:** exporte el póster en un formato de alta calidad (por ejemplo, PNG o PDF). Imprima el póster en tamaño real.

4.2. Idoneidad y selección

La elección del tipo de banco de imágenes adecuado dependerá de las necesidades específicas del proyecto, el presupuesto disponible y los derechos de uso requeridos. Es recomendable comparar diferentes bancos de imágenes y sus opciones de licencia antes de tomar una decisión.

Seleccionar la imagen perfecta no es una tarea trivial. Para ello, es importante definir las necesidades del proyecto, utilizar palabras clave específicas, aplicar filtros de búsqueda, explorar diferentes categorías, evaluar la composición y estética, verificar la licencia de uso, descargar imágenes de alta calidad, optar por imágenes libres de derechos, buscar imágenes originales y creativas, y considerar la reutilización y edición de imágenes existentes.

Hay que recordar que la imagen perfecta es aquella que transmite el mensaje deseado, atrae la atención del público y se integra de manera armónica en un proyecto. En cuanto a saber si una imagen es la idónea, no existe una fórmula mágica. Se debe confiar en la intuición y el criterio como diseñador.

La elección del tipo de banco de imágenes adecuado dependerá de las necesidades específicas del proyecto y el presupuesto disponible.

Necesidades

Es necesario determinar si se requieren fotografías, ilustraciones, vectores o iconos. En cuanto a temática, hay que establecer el tipo de contenido visual que se busca, como personas, paisajes, objetos o conceptos. También es importante definir la preferencia de estilo por imágenes realistas, artísticas, *vintage,* etc. Por último, hay que especificar el destino de las imágenes, ya sea para web, redes sociales, impresión, etc.

Evaluación del presupuesto

Es importante analizar los planes mensuales o anuales ofrecidos por los bancos de imágenes, considerando la cantidad de descargas que incluye. Se debe evaluar si la compra individual de imágenes es más conveniente en caso de requerir pocas imágenes. Finalmente, hay que considerar el precio de las licencias extendidas y los derechos de uso adicionales.

Calidad de las imágenes

Hay que seleccionar la resolución adecuada para el proyecto en cuestión, verificar que las imágenes sean nítidas y no tengan ruido, evaluar la correcta composición y equilibrio de estas, y asegurarse de que hay disponibles una amplia variedad de imágenes para el proyecto.

Actividades

17. ¿Es legal utilizar imágenes de bancos de imágenes sin atribuir al autor? ¿Qué sucede si modifico una imagen de un banco de imágenes? ¿Cómo puedo asegurarme de que las imágenes que utilizo son libres de derechos? Investigue sobre estos problemas en internet.

4.3. Costes

Los bancos de imágenes de pago presentan estructuras de precios variables en función de diversos factores, que es fundamental comprender para optimizar la inversión y elegir la opción más adecuada.

Tipo de licencia

Las licencias determinan los derechos de uso de las imágenes descargadas y su consecuente coste. Las licencias básicas suelen ofrecer un uso limitado, como por ejemplo para proyectos web no comerciales o impresiones de baja tirada. Por otro lado, las licencias extendidas otorgan mayor flexibilidad; permiten su uso en proyectos comerciales, publicidad, impresiones de alta calidad, entre otros. El precio de estas licencias suele ser más elevado.

Resolución de la imagen

La resolución de la imagen, medida en píxeles por pulgada (ppp), determina su tamaño y nitidez. Las imágenes de alta resolución (por ejemplo, 300 ppp o superior) son ideales para impresión de alta calidad, pero su precio suele ser mayor. En cambio, las imágenes de baja resolución (por ejemplo, 72 ppp) son más económicas y suficientes para visualización en pantallas o proyectos web.

Volumen de descargas

Los bancos de imágenes suelen ofrecer planes de suscripción con diferentes cantidades de descargas mensuales o anuales. Estos planes son convenientes para usuarios que requieren un flujo constante de imágenes. El precio por descarga disminuye a medida que aumenta el volumen de descargas incluidas en el plan.

Formas de pago

Existen dos formas principales de pago en los bancos de imágenes:

- **Pago por imagen:** esta opción es ideal para usuarios que necesitan pocas imágenes de forma esporádica. Suele ser más económico que las suscripciones, especialmente para descargas de baja frecuencia.
- **Suscripciones:** las suscripciones son convenientes para usuarios que requieren un flujo constante de imágenes. El precio por descarga disminuye a medida que aumenta el volumen de descargas incluidas en el plan.

Algunos de los factores adicionales que influyen en el coste son:

- **Banco de imágenes:** cada banco de imágenes tiene su propia estructura de precios y ofertas. Es recomendable comparar precios entre diferentes plataformas antes de tomar una decisión.
- **Demanda de la imagen:** las imágenes más populares o específicas pueden tener un precio más elevado, debido a que son más demandadas.
- **Promociones y descuentos:** los bancos de imágenes suelen ofrecer promociones y descuentos en diferentes épocas del año. Es importante estar atento a estas ofertas para aprovecharlas.

4.4. Tamaños

El tamaño de imagen ideal dependerá del uso final que se le dé a la imagen:

- **Para web:** las imágenes para sitios web suelen tener un tamaño pequeño o mediano, entre 72 y 200 ppp (píxeles por pulgada), para optimizar la velocidad de carga de la página.

- **Para impresión:** las imágenes para impresión, como folletos, revistas o carteles, requieren de un tamaño mayor, entre 300 y 600 ppp, para garantizar una alta calidad de impresión.
- **Para redes sociales:** cada red social tiene sus propias recomendaciones de tamaño para las imágenes. Es importante consultar las especificaciones de cada plataforma para obtener los mejores resultados.

5. Resumen

La fotografía es una herramienta muy necesaria para el diseñador gráfico, ya que con ella alimenta los proyectos gráficos que realiza con imágenes que sirven para transmitir ideas y mensajes. Por ello es vital conocer las partes de la cámara y su funcionamiento, desde el objetivo pasando por el cuerpo de la cámara, así como todos los componentes de cada uno. No solo queda ahí, puesto que hay dos tipos de cámaras: las analógicas y las digitales.

Para su correcta utilización el diseñador debe tener conocimientos sobre encuadre, velocidad, profundidad de campo, diafragma, color e iluminación, todo para una correcta creación de imágenes a través de este medio como es la cámara fotográfica.

Dentro de estos conceptos mencionados se debe hablar de conceptos que ayudan a la creación de imágenes, como: la composición y sus principios básicos; la velocidad de obturación, el tiempo de exposición; la profundidad de campo y cómo afecta la apertura del diafragma; la distancia focal; el color, y dentro de este el matiz, la saturación y el brillo. Finalmente, también sobre todo los modelos de color RGB y CMYK, y cómo no, la sensibilidad ISO y cómo se utiliza para crear diferentes tipos de imágenes, efectos, etc.

El conocimiento necesario es mucho más amplio porque, una vez realizadas estas imágenes a través de la cámara fotográfica, hay que aprender cómo realizar la descarga de estas, así como los diferentes dispositivos de almacenamiento: tarjetas, USB, discos duros o la nube.

La cámara no es la única herramienta con la que un diseñador puede adquirir imágenes para sus proyectos, también cuenta con el escáner y sus diferentes tipos: plano, de tambor o portátil. Debe manejar el proceso de escaneado, las características técnicas de los escáneres y los formatos de archivo para el posterior guardado y almacenamiento de las imágenes.

La tercera opción para la adquisición de imágenes que un diseñador gráfico tiene son los bancos de imágenes, lugares donde se ofrece una amplia variedad de recursos visuales de alta calidad.

Hay que destacar que hay diferentes bancos: gratuitos y de pago. Su manejo es crucial, así como la elección de las imágenes que formarán parte de cada proyecto. Y no menos importante son los costes y licencias de uso para cada imagen.

Ejercicios de repaso y autoevaluación

1. ¿Cuál de las siguientes afirmaciones sobre la resolución de una imagen es incorrecta?

    a. Se mide en píxeles por pulgada (ppp).
    b. Una mayor resolución implica una mayor calidad de imagen.
    c. Una menor resolución implica un menor tamaño de archivo.
    d. La resolución no afecta a la nitidez de la imagen.

2. ¿Cuál de los siguientes elementos NO forma parte del objetivo de una cámara?

    a. Objetivo frontal
    b. Diafragma
    c. Visor
    d. Anillo de enfoque

3. ¿Qué componente del cuerpo de la cámara es responsable de capturar la luz de la escena?

    a. Obturador
    b. Película o sensor
    c. Visor
    d. Disparador

4. Indique si la siguiente oración es verdadera o falsa: "El objetivo super gran angular es ideal para fotografías de retrato".

    ☐ Falso
    ☐ Verdadero

5. ¿Qué tipo de cámara analógica produce negativos de mayor tamaño y mejor calidad de imagen?

    a. Cámara compacta
    b. Cámara telemétrica

    c. Cámara réflex de un solo objetivo
    d. Cámara de formato medio

6. **Indique si la siguiente oración es verdadera o falsa: "La profundidad de campo se refiere a la distancia a la que se encuentra el sujeto de la fotografía".**

    ☐ Falso
    ☐ Verdadero

7. **¿Qué efecto produce una apertura de diafragma pequeña (número f alto)?**

    a. Mayor profundidad de campo (más nitidez)
    b. Menor profundidad de campo (fondo más borroso)
    c. Mayor entrada de luz
    d. Menor entrada de luz

8. **¿Cuál es el objetivo principal de una buena composición en fotografía?**

    a. Utilizar la mayor cantidad de elementos posibles en el encuadre.
    b. Enfatizar un sujeto principal y transmitir un mensaje claro.
    c. Aplicar filtros y efectos llamativos para mejorar la imagen.
    d. Ajustar la configuración de la cámara para una exposición correcta.

9. **¿Cuál de los siguientes NO es un efecto de utilizar una velocidad de obturación alta (mayor valor en fracciones de segundo)?**

    a. Congelar el movimiento
    b. Permitir más luz
    c. Reducir la profundidad de campo
    d. Disminuir el ruido en la imagen

10. **¿Qué herramienta le ayuda a controlar la cantidad de luz que ingresa a la cámara y, por lo tanto, la exposición de la imagen?**

    a. La velocidad de obturación
    b. El ISO

c. La apertura del diafragma

d. Todas las opciones son correctas.

11. **Indique si la siguiente oración es verdadera o falsa: "La subexposición produce una imagen demasiado clara, con áreas quemadas".**

☐ Falso

☐ Verdadero

12. **¿Qué relación existe entre la velocidad de obturación y la cantidad de luz que se captura en una fotografía?**

a. A mayor velocidad de obturación, más luz se captura.

b. A mayor velocidad de obturación, menos luz se captura.

c. La velocidad de obturación no afecta a la cantidad de luz capturada.

d. La relación depende del tipo de cámara y del modo de disparo.

13. **¿Qué tipo de dispositivo de almacenamiento se caracteriza por su gran capacidad y portabilidad, ideal para almacenar grandes cantidades de imágenes?**

a. Tarjetas de memoria

b. Lectores de tarjetas

c. Discos duros externos

d. Almacenamiento en la nube

14. **¿En qué fase del proceso de escaneado se selecciona la resolución de imagen, la cual determinará el nivel de detalle que se captura?**

a. Preparación

b. Configuración del escaneo

c. Inicio del escaneo

d. Visualización y guardado del archivo

15. **Indique si la siguiente oración es verdadera o falsa: "Es posible encontrar bancos de imágenes especializados en vectores e iconos".**

   ☐ Falso
   ☐ Verdadero

16. **¿Qué tipo de banco de imágenes es ideal para proyectos con presupuestos limitados o uso personal?**

   a. Banco de imágenes de pago con planes de suscripción
   b. Banco de imágenes gratuito con licencia *Creative Commons*
   c. Banco de imágenes especializado en vectores
   d. Banco de imágenes especializado en iconos

Capítulo 3

Creación y manipulación de imágenes

Contenido

1. Introducción
2. *Collage*
3. Reutilización de imágenes
4. Fotomontaje
5. Ilustración
6. Realización de ilustraciones por técnicas manuales/infográficas
7. Programas de creación de imagen vectorial
8. Programas de creación de imagen por mapa de bits
9. Resumen

1. Introducción

El diseño gráfico es un mundo de mensajes a través de las imágenes. Son muchas las herramientas y maneras que los profesionales tienen a su alcance para manipular y crear nuevas imágenes para elaborar formas diferentes de comunicación con el público objetivo de cada proyecto, desde la edición en *software,* la ilustración o la imagen vectorial.

Algunos de los muchos conocimientos que van curtiendo al profesional del diseño gráfico son: conocer los tipos de ilustración, su lenguaje comunicativo, las herramientas disponibles para su realización tanto digital como artesanal; los diferentes montajes fotográficos existentes, así como su elaboración con la utilización de imágenes adecuadas, en programas de edición de mapa de bits o saber utilizar programas de vectores, desde tareas básicas hasta más elaboradas.

Todo ello se traduce en una mejor gestión de los proyectos y mejores resultados.

2. *Collage*

El *collage* fotográfico es una obra de arte creada a partir de la combinación de diversas imágenes o fragmentos de fotografías, que se ensamblan y superponen sobre un soporte, que puede ser físico o digital, para formar una nueva composición visual.

El *collage* digital ofrece una libertad creativa sin precedentes. A diferencia del *collage* tradicional, que se limita a los materiales físicos disponibles, el *collage* digital permite trabajar con una amplia gama de imágenes, texturas y efectos especiales. Se pueden combinar fotografías, ilustraciones, tipografía y otros elementos gráficos para crear composiciones únicas y personalizadas. Además, el *collage* digital facilita la edición y modificación de las obras, con lo que permite experimentar con diferentes combinaciones y estilos.

2.1. Tipos de *collage* digital

El *collage* digital ofrece una gran versatilidad, permite crear una amplia gama de estilos y efectos visuales. Algunos de los tipos de *collage* digital más comunes son:

- *Collage* **abstracto:** caracterizado por la yuxtaposición de formas, colores y texturas sin una representación realista. Se busca crear composiciones que evoquen emociones y sensaciones.
- *Collage* **fotorrealista:** busca crear una imagen realista a partir de la combinación de múltiples fotografías. Se utilizan técnicas de edición avanzadas para lograr un efecto de alta calidad y realismo.
- *Collage* **tipográfico:** emplea letras, palabras y frases como elementos principales de la composición. Se puede jugar con diferentes tipos de letra, tamaños y colores para crear mensajes visuales impactantes.
- *Collage* **conceptual:** comunica una idea o concepto específico a través de la combinación de imágenes y elementos gráficos. Se utiliza a menudo en publicidad y diseño gráfico.
- *Collage* **experimental:** explora nuevas técnicas y materiales, desafiando las convenciones del *collage* tradicional. Los artistas experimentales utilizan *software* de edición de imágenes para crear efectos visuales únicos y sorprendentes.
- *Collage* **mixto:** combina elementos digitales con materiales físicos, como papel, tela u objetos encontrados. Esta técnica permite crear *collages* con una textura y profundidad únicas.

2.2. Elementos clave del *collage*

Para crear un *collage* digital efectivo es importante considerar los siguientes elementos clave:

- **Yuxtaposición.** La colocación de elementos dispares juntos para crear un contraste visual y conceptual.
- **Repetición.** La repetición de elementos visuales para crear patrones y ritmos.

- **Escala.** El uso de diferentes tamaños para crear jerarquía visual y enfatizar ciertos elementos.
- **Color.** La elección de una paleta de colores coherente y el uso del color para crear emociones y atmósferas.
- **Composición.** La disposición de los elementos en el espacio para crear una composición equilibrada y armoniosa.
- **Tema.** Un *collage* suele tener un tema o idea central que unifica los diferentes elementos.

Actividades

1. Organice una serie de imágenes para realizar una composición a modo de *collage*, considerando los principios de diseño como la yuxtaposición, la repetición, la escala, color, etc.

3. Reutilización de imágenes

La edición de imágenes es una herramienta fundamental en el diseño gráfico, ya que permite transformar una fotografía o ilustración en una pieza visualmente impactante. Algunas de las técnicas más utilizadas para modificar color, tamaño, perspectiva y añadir elementos gráficos a las imágenes vienen a continuación.

3.1. Modificación de color

El color es un elemento clave en el diseño, ya que evoca emociones y sensaciones en el espectador. Las herramientas de edición permiten realizar una amplia gama de ajustes de color, como pueden ser:

- **Balance de blancos:** corrige las tonalidades de color para obtener una imagen más natural.

- **Curvas:** ajusta la luminosidad y el contraste de manera precisa en diferentes zonas de la imagen.
- **Tono/saturación:** modifica la intensidad y el matiz de los colores.
- **Efectos de filtro:** aplica filtros preestablecidos para crear diferentes estilos y atmósferas.

3.2. Modificación de tamaño y perspectiva

Cambiar el tamaño y la perspectiva de una imagen puede ser necesario para adaptarla a un diseño específico o para crear efectos visuales interesantes. Las técnicas más comunes son:

- **Escalado:** aumenta o disminuye el tamaño de la imagen manteniendo las proporciones.
- **Deformación:** altera la forma de la imagen para crear efectos de perspectiva o distorsión.
- **Recorte:** elimina partes innecesarias de la imagen para centrar la atención en el sujeto principal.
- **Perspectiva:** corrige las líneas convergentes de una imagen para crear una sensación de profundidad.

3.3. Adición de elementos gráficos

La incorporación de elementos gráficos a una imagen puede enriquecer su composición y transmitir un mensaje más claro. Algunos ejemplos de elementos gráficos son:

- **Texto:** añade títulos, subtítulos o citas para complementar la imagen.
- **Formas geométricas:** crea elementos abstractos que complementen la composición.
- **Ilustraciones:** incorpora dibujos o ilustraciones para contar una historia o transmitir un concepto.
- **Iconos:** utiliza símbolos gráficos para representar ideas o conceptos de manera concisa.

 **Actividades**

2. Elabore la portada de una revista sobre el tema que prefiera, con imágenes, formas geométricas y tipografía que tratará con una herramienta de edición.

4. Fotomontaje

Una vez que se han recopilado las fotografías, ya sea a través de sesiones fotográficas propias, digitalización de imágenes analógicas o adquisición de imágenes de bancos de datos, se procede a integrarlas en el diseño.

Para este cometido hay una serie de **procesos de elaboración:**

- **Recorte y el encuadre.** Esta técnica fundamental consiste en seleccionar y aislar una porción específica de la imagen, adaptándola a las dimensiones requeridas por la composición. El recorte permite centrar la atención del espectador en elementos clave y eliminar distracciones visuales.
- **Sangrado.** Consiste en extender la imagen más allá de los bordes de la página, creando un efecto visual impactante. El término proviene de la imprenta tradicional, donde el exceso de imagen "se cortaba" al recortar el papel. Aunque el sangrado puede ser total y cubrir toda la página, también puede ser parcial, en este caso se extiende solo por algunos lados.
- **Silueteado.** Es una técnica de edición de imagen que consiste en aislar un objeto de su fondo original. Esta técnica permite destacar el sujeto principal, lo cual facilita su integración en diversas composiciones gráficas. Las siluetas, al carecer de detalles en su contorno, ofrecen una sensación de libertad y atemporalidad, lo cual las convierte en un recurso visual versátil.
- **Máscara.** Una máscara actúa como una plantilla digital que permite proteger ciertas áreas de la imagen, mientras se aplican modificaciones en otras. Al crear una máscara, se delimita la zona que se desea conservar o

modificar y esto permite un control preciso sobre el proceso de edición. Las máscaras se visualizan como líneas discontinuas móviles (son conocidas coloquialmente como "hormigas") que se superponen a la imagen.

- **Trazados de recorte.** Durante mucho tiempo fueron el método estándar para aislar elementos en una imagen y crear siluetas. Estos trazados se generaban en programas como *Photoshop* y se exportaban en formato EPS. No obstante, la aparición de formatos de archivo con soporte para transparencias ha hecho que esta técnica sea menos necesaria en muchos casos.

Actividades

3. Cree un cartel publicitario en estilo surrealista para la etiqueta de una botella utilizando técnicas de fotomontaje como el recorte, el silueteado y las máscaras.

5. Ilustración

La ilustración es un arte que va más allá de simplemente dibujar o pintar. Es un lenguaje visual poderoso que permite comunicar ideas, conceptos y emociones de una manera única y efectiva. A través de imágenes creadas por los ilustradores, se puede comprender y conectar con información de una forma más profunda y memorable.

Mediante dibujos, pinturas o gráficos, los ilustradores construyen representaciones visuales que complementan o refuerzan textos, ideas o emociones. Estas imágenes no solo decoran, sino que también informan, atraen y emocionan.

 Nota

La ilustración tiene la capacidad de simplificar lo complejo, de hacer tangible lo abstracto y de despertar la imaginación.

Desde los primeros dibujos rupestres hasta las ilustraciones digitales más sofisticadas, este arte ha evolucionado a lo largo de la historia, adaptándose a las necesidades y gustos de cada época. Hoy en día, la ilustración se encuentra presente en multitud de ámbitos, desde la publicidad y el diseño editorial hasta el cine y los videojuegos.

5.1. Funciones de la ilustración

La ilustración tiene unas funciones marcadas que la hacen diferente a otro tipo de expresiones gráficas. Entre ellas están:

- **Comunicación eficaz:** la ilustración tiene la capacidad de transmitir información de manera clara y concisa, a menudo de forma más efectiva que el texto escrito. Un buen dibujo puede explicar un concepto complejo en un solo vistazo.
- **Atracción visual:** las ilustraciones atraen la atención del espectador, invitándolo a explorar el contenido de una manera más profunda. Un diseño llamativo puede marcar la diferencia entre un mensaje que pasa desapercibido y uno que se queda grabado en la memoria.
- **Evocación de emociones:** las imágenes tienen la capacidad de despertar una amplia gama de emociones en el espectador, desde la alegría y la tristeza hasta la sorpresa y la admiración. Los ilustradores utilizan diversos recursos visuales para crear atmósferas y transmitir sentimientos.
- **Narración visual:** la ilustración es un medio ideal para contar historias. A través de una secuencia de imágenes, los ilustradores pueden crear mundos imaginarios, desarrollar personajes y narrar acontecimientos de una manera visualmente atractiva.

■ **Decoración y personalización:** la ilustración también cumple una función estética, embelleciendo y personalizando objetos y espacios. Desde libros infantiles hasta carteles publicitarios, las ilustraciones añaden un toque de originalidad y creatividad.

5.2. Tipos de ilustración

Cada **tipo de ilustración** aporta unas características. A su vez, cada tipo sirve para diferentes funciones:

■ **Ilustración editorial:** acompaña textos en libros, revistas, periódicos y otros medios impresos o digitales. Su objetivo es complementar la información y hacerla más atractiva.

■ **Ilustración publicitaria:** se utiliza para promocionar productos o servicios. Debe ser llamativa, memorable y capaz de generar un impacto en el público objetivo.

■ **Ilustración científica:** representa fenómenos naturales, objetos o procesos de forma precisa y detallada. Es utilizada en libros de texto, artículos científicos y materiales educativos.

■ **Ilustración infantil:** crea mundos imaginarios y personajes entrañables para niños. Emplea un estilo visual sencillo y colorido, y suele tener una función didáctica.

■ **Ilustración de cómics:** narra historias a través de viñetas, combinando texto e imagen. Los estilos pueden variar desde el realismo hasta la caricatura.

■ **Ilustración de moda:** representa prendas de vestir, accesorios y modelos en revistas, catálogos y campañas publicitarias.

■ **Ilustración de concepto:** crea imágenes que visualizan ideas abstractas o conceptos complejos. Es utilizada en el diseño de productos, interfaces y videojuegos.

■ **Ilustración de *storyboard:*** representa visualmente la secuencia de una historia, como en películas o animaciones.

■ **Ilustración de tatuaje:** diseña imágenes personalizadas para ser tatuadas en la piel.

■ **Ilustración de *packaging:*** diseña las ilustraciones que aparecen en los envases de productos.

Actividades

4. Imagine que tiene que realizar la portada para un cuento infantil que elija. Desarrolle una ilustración y utilice las técnicas que considere, tanto fotográficas como manuales.

6. Realización de ilustraciones por técnicas manuales/infográficas

Hay dos maneras de realizar ilustraciones: de forma tradicional, con los materiales de bellas artes conocidos desde siempre, y con las nuevas tecnologías de forma digital, con programas de diseño y edición.

6.1. Técnicas tradicionales

Las técnicas tradicionales han sido la base de la ilustración durante siglos. Su calidez, textura y carácter artesanal aportan un encanto especial a las obras. Existe gran variedad de **materiales y técnicas,** entre las que destacan:

- **Lápiz:** es la herramienta más básica y versátil. Permite crear desde bocetos rápidos hasta dibujos detallados, gracias a la variedad de minas y papeles disponibles.
- **Tinta:** ideal para líneas definidas y contrastes marcados. Se puede aplicar con pincel, plumilla o rotulador.
- **Acuarela:** ofrece colores suaves y transparentes, con lo que se crean efectos de luz y atmósfera. Es perfecta para paisajes y retratos delicados.
- **Óleo:** permite construir capas de color. Ideal para obras con gran riqueza cromática y texturas.
- **Acrílico:** seca rápidamente y es muy versátil. Permite crear obras con acabados similares al óleo, pero con mayor facilidad de manejo.

6.2. Técnicas digitales

La tecnología ha revolucionado por completo el mundo de la ilustración, abriendo un abanico de posibilidades creativas que antes eran inimaginables. Gracias al desarrollo de *softwares* especializados y herramientas digitales, los ilustradores pueden experimentar con una amplia variedad de estilos y técnicas de una manera más ágil y eficiente.

Uno de los pilares fundamentales de la ilustración digital son los **programas de diseño.** *Photoshop,* por ejemplo, es una herramienta indispensable para la mayoría de los ilustradores, ya que ofrece un conjunto completo de herramientas para la manipulación de imágenes y la creación de obras digitales. *Illustrator,* por su parte, está especializado en gráficos vectoriales, lo que lo hace ideal para ilustraciones con líneas limpias y escalables, como logotipos o diseños para impresión. *Clip Studio Paint,* diseñado específicamente para ilustración y cómic, se ha convertido en una opción muy popular entre los artistas digitales gracias a su interfaz intuitiva y sus pinceles personalizados.

Otro elemento clave en la ilustración digital es la tableta gráfica. Este dispositivo permite a los artistas dibujar directamente en la pantalla del ordenador, la cual ofrece una experiencia de dibujo mucho más natural y precisa. Gracias a la tableta gráfica, los ilustradores pueden crear obras con un nivel de detalle y realismo comparable al de las técnicas tradicionales. Para este caso se cuenta con el programa *ProCreate,* muy versátil y fácil de aprender.

Las ventajas de la ilustración digital

La versatilidad es una de las ventajas más destacadas, ya que permite experimentar con diferentes estilos y técnicas sin la necesidad de cambiar de materiales; además, la posibilidad de editar y corregir la obra en cualquier momento facilita el proceso creativo y permite obtener resultados más precisos. Otra gran ventaja es la facilidad con la que se pueden crear copias idénticas de una obra, lo que resulta muy útil para la producción en serie o la difusión en línea. Por último, la ilustración digital facilita el trabajo en equipo y la colaboración entre artistas, ya que los archivos digitales pueden compartirse y modificarse fácilmente a través de internet.

 **Actividades**

5. Cree una infografía que visualice de manera clara y atractiva datos sobre un problema ambiental específico (por ejemplo, el cambio climático, la contaminación por plásticos, la deforestación). Utilice elementos gráficos y tipográficos para comunicar información de manera clara y concisa.

7. Programas de creación de imagen vectorial

El diseño gráfico contemporáneo se caracteriza por su naturaleza digital. Independientemente de la plataforma utilizada, ya sea Mac o PC, los gráficos se representan digitalmente de dos formas principales: **vectorial** y de **mapa de bits.**

El formato vectorial destaca por ofrecer una serie de ventajas innegables en el desarrollo de los proyectos de diseño. Su principal característica es la escalabilidad sin pérdida de calidad, lo que significa que los gráficos vectoriales pueden ser ampliados o reducidos sin que se deteriore su resolución. Además, los archivos vectoriales suelen tener un tamaño considerablemente menor que los de mapa de bits, lo cual facilita su almacenamiento y transmisión.

Esta eficiencia se debe a que los gráficos vectoriales se construyen a partir de puntos matemáticos (nodos) unidos por líneas (curvas de Bézier), lo que permite una representación más abstracta y compacta de la imagen. Por estas razones, el dominio de las técnicas de creación y edición de gráficos vectoriales se ha convertido en una habilidad indispensable para cualquier profesional del diseño gráfico en la era digital. Términos como *nodos, curvas de Bézier* y *vectorización* forman parte del vocabulario cotidiano de estos profesionales, quienes reconocen la importancia del formato vectorial en la obtención de resultados de alta calidad y versatilidad.

El formato vectorial, construido a partir de puntos matemáticos y curvas, ofrece ventajas significativas como la escalabilidad sin pérdida de calidad y un tamaño de archivo reducido. Estas características lo convierten en la opción preferida para muchos proyectos de diseño, especialmente logotipos, iconos y elementos gráficos que requieran ser adaptados a diferentes tamaños y resoluciones.

7.1. Metodología de trabajo

En los programas vectoriales suele haber una forma de trabajar que en la mayoría es muy similar en cuanto a método de trabajo para ciertas tareas básicas. Algunas de estas tareas son las siguientes.

Desplazar objetos

Desplazar un objeto supone la tarea más básica en un programa vectorial. Para ello:

- **Selección:** primero, seleccionar el objeto o grupo de objetos que se desea mover. Se puede hacer clic sobre ellos directamente o con la herramienta **Selección.**
- **Arrastrar:** una vez seleccionado, simplemente se hace clic y se arrastra el objeto hacia la nueva posición deseada. El objeto se moverá junto con el cursor.

Escalar objetos

Cambiar el tamaño de una forma es una tarea básica que tiene los siguientes pasos. Aunque el cambio de tamaño es manual, se puede hacer más preciso. Para la forma manual:

- **Selección:** selecciona el objeto que se quiere escalar.
- **Tiradores de selección:** alrededor del objeto aparecerán unos pequeños cuadrados llamados tiradores de selección.
- **Arrastrar:** se coloca el cursor sobre uno de los tiradores de esquina. Al hacerlo, el cursor cambiará de forma, indicando que se puede escalar. Se arrastra el tirador hacia afuera para agrandar el objeto o hacia adentro para reducirlo.
- **Proporciones:** si se desea mantener las proporciones del objeto mientras se escala, hay que mantener presionada la tecla [Shift] mientras se arrastra.

Rotar objetos

Rotar un objeto es una tarea sencilla y no requiere de mayor habilidad:

- **Selección:** se selecciona el objeto.
- **Tiradores de selección:** se coloca el cursor sobre uno de los tiradores de esquina hasta que se transforme en una flecha curva.
- **Rotar:** se hace clic y se arrastra el cursor en un movimiento circular para girar el objeto.

Transformar objetos

En este caso, cada programa tiene unos paneles o herramientas dedicados a la transformación precisa:

- **Panel de transformación:** la mayoría de los programas de diseño vectorial tienen un panel de transformación donde se pueden introducir valores numéricos precisos para escalar, rotar, inclinar o distorsionar objetos.
- **Herramientas de transformación:** además de los tiradores de selección, existen herramientas específicas para realizar transformaciones más complejas, como la herramienta **Reflejar** o la herramienta **Distorsionar.**

Rotación precisa

Para hacer una rotación con cierta precisión, hay parámetros o teclas que auxilian en esta tarea:

- **Rotación libre:** permite girar objetos de forma interactiva utilizando el ratón.
- **Rotación con ángulo específico:** manteniendo pulsada una tecla [Mayús o Ctrl] se restringe la rotación a ángulos predefinidos, como múltiplos de 90 grados.
- **Personalización del ángulo de rotación:** los programas permiten configurar el ángulo de incremento de rotación para adaptarlo a las necesidades del proyecto.

Organización de objetos

Es una tarea que ayuda a ordenar y formar grupos cuando el diseño se hace más complejo:

- **Agrupar:** combina varios objetos en uno solo, permitiendo aplicar transformaciones y estilos a todo el grupo simultáneamente. Esto se hace así: se seleccionan todas las formas que agrupar, se le da al botón derecho y se selecciona la opción **Agrupar.**
- **Desagrupar:** separa los objetos que forman parte de un grupo para poder editarlos individualmente. Para ello se selecciona el grupo, botón derecho, opción **Desagrupar.**

 Actividades

6. Cree un logotipo vectorial para una empresa ficticia del entorno informático. Experimente con diferentes formas, colores y tipografías para lograr un diseño original y memorable. Elabore una breve descripción de la empresa o producto, incluyendo su identidad y valores.

7.2. Composición de los objetos vectoriales

Los objetos vectoriales son como construcciones hechas de piezas básicas. Estas piezas son los trayectos, los segmentos y los nodos.

- **Trayectos:** hay que imaginar un trayecto como un camino. Puede ser un camino abierto (como una línea recta) o cerrado (como un círculo). Este camino está formado por una o varias secciones.
- **Segmentos:** cada sección del camino es un segmento. Puede ser una línea recta o una curva.

- **Nodos:** los nodos son como las señales de tráfico en el camino, marcan los puntos donde el camino cambia de dirección o donde comienza o termina. Al mover estos nodos, se puede modificar la forma del objeto.

Estos elementos son importantes porque, gracias a ellos, se puede crear y modificar cualquier forma vectorial. Al entender cómo funcionan los nodos, segmentos y trayectos, se puede dar rienda suelta a la creatividad y diseñar desde logotipos simples hasta ilustraciones complejas.

Vectorización

La vectorización es el proceso de transformar una imagen compuesta de píxeles (mapa de bits) en una imagen compuesta de puntos matemáticos (vectores). Esto permite que la imagen pueda ser escalada a cualquier tamaño sin perder calidad, una característica fundamental en diseño gráfico.

Existen dos métodos principales de vectorización:

- **Vectorización manual:** consiste en redibujar la imagen a mano utilizando las herramientas de dibujo de un programa de diseño vectorial. Esta técnica es ideal para imágenes con líneas definidas, como planos o dibujos técnicos, ya que permite un control preciso sobre cada detalle. Sin embargo, es un proceso más lento y requiere de habilidades avanzadas en el manejo de las herramientas de dibujo.
- **Vectorización automática:** se realiza mediante *software* especializado, que analiza la imagen y crea automáticamente los vectores correspondientes. Es más rápida que la vectorización manual y es adecuada para imágenes con formas más orgánicas o complejas, como logotipos o fotografías; sin embargo, suele requerir de ajustes manuales para obtener resultados óptimos.

La elección del método de vectorización dependerá del tipo de imagen y del resultado deseado. Por ejemplo, si se necesita un control total sobre el resultado final, la vectorización manual es la mejor opción. Si se busca una solución rápida y sencilla, la vectorización automática puede ser más adecuada.

 **Aplicación práctica**

Ha contactado con usted una *startup* de tecnología que desarrolla aplicaciones móviles enfocadas a la productividad, llamada Productivapp. Indique los pasos que se han de seguir para elaborar el logotipo para esta empresa.

SOLUCIÓN

▌ **Paso 1. Definir los requisitos del proyecto**

- ▎ **Valores de la marca:** definir sus valores, filosofía y público.
- ▎ **Investigación de campo:** analizar logotipos de empresas similares para identificar tendencias y estilos de diseño.

▌ **Paso 2. Bocetos y realización**

- ▎ **Programa:** elegir programa para hacer el proyecto.
- ▎ **Bocetos:** realizar ideas de logotipos para luego digitalizarlo.
- ▎ **Vectorización:** realizar el logotipo, aplicar colores, tipografía, etc.

▌ **Paso 3. Guardado de archivos**

- ▎ **Archivos:** presentar al cliente los archivos necesarios para la entrega del proyecto (archivo nativo, PNG, SVG, PDF, etc.).
- ▎ **Tipografías:** también se entregarán los archivos pertenecientes a los tipos de letra utilizados.

8. Programas de creación de imagen por mapa de bits

Hay que imaginar una imagen como un gigantesco mosaico compuesto por millones de pequeños azulejos. Cada uno de estos azulejos es un píxel, un punto de color individual que, al combinarse con otros, crea la imagen completa. La resolución de una imagen, es decir, su nitidez y detalle, depende directamente de la cantidad de píxeles que la componen: a mayor cantidad de píxeles, mayor será la resolución y más nítida se verá la imagen.

A diferencia de los gráficos vectoriales, que utilizan fórmulas matemáticas para definir líneas y formas, las imágenes de mapa de bits almacenan información de color para cada píxel. Esta diferencia tiene implicaciones importantes en la escalabilidad y edición de las imágenes. Los gráficos vectoriales pueden ser escalados a cualquier tamaño sin perder calidad, ya que las formas se recalculan en función de las nuevas dimensiones; sin embargo, los mapas de bits, al estar compuestos por píxeles fijos, pueden sufrir de pixelación o pérdida de detalle cuando se amplían o reducen de tamaño.

8.1. Aplicaciones de las imágenes de mapa de bits

A pesar de sus limitaciones, las imágenes de mapa de bits son ampliamente utilizadas en diversas **áreas:**

- **Fotografía:** la fotografía digital captura imágenes en formato de mapa de bits gracias a los sensores de las cámaras, que registran la luz en una matriz de píxeles.
- **Diseño gráfico:** los mapas de bits se utilizan para crear texturas, degradados y efectos especiales, también para incorporar fotografías a diseños más complejos.
- **Diseño web:** aunque los formatos vectoriales son cada vez más populares en la web, los mapas de bits siguen siendo utilizados para elementos como logotipos, *banners* y fotografías de productos.

8.2. Aspectos principales de los programas de edición de imágenes

Los programas de edición de imágenes, como *Photoshop,* son herramientas indispensables para manipular y transformar imágenes digitales. Ofrecen una amplia gama de funcionalidades que permiten desde simples ajustes de color hasta la creación de obras de arte complejas.

Una de las características principales de estos programas es la capacidad de trabajar con capas. Las **capas** permiten trabajar en diferentes elementos de una imagen de forma independiente, lo cual facilita la edición y la creación de efectos complejos. Además, este *software* ofrece una variedad de herramientas de selección que permiten aislar áreas específicas de la imagen para aplicar ajustes o efectos.

Otra característica importante es la presencia de pinceles que simulan herramientas de dibujo tradicionales, con los cuales se puede pintar y dibujar directamente sobre la imagen. Los filtros son otra herramienta poderosa, pues aplican efectos predefinidos a las imágenes, como desenfoque, nitidez, texturas y otros.

 Nota

El ajuste de color, contraste, saturación y otros aspectos de la imagen también son funcionalidades comunes en estos programas.

La versatilidad es uno de los principales motivos por los cuales estos programas son tan populares. Pueden ser utilizados por fotógrafos profesionales para retocar sus imágenes, por diseñadores gráficos para crear logotipos e ilustraciones, y por aficionados para editar sus fotos personales. Además, la mayoría de estos programas posee una interfaz intuitiva, y ofrece una gran cantidad de tutoriales y recursos en línea para quien quiera aprender.

Entre los programas de edición de imágenes más populares destacan *Adobe Photoshop, GIMP* (una alternativa gratuita y de código abierto), *Affinity Photo* y *Corel PaintShop Pro*. Cada uno de estos programas ofrece características y funcionalidades específicas, se adaptan a las necesidades de diferentes tipos de usuarios.

Actividades

7. Confeccione un *collage* digital para un mupi sobre su ciudad, utilizando diversas imágenes de mapa de bits obtenidas con cámara fotográfica o escaneadas y aplicando técnicas de edición como capas, máscaras y filtros.

Aplicación práctica

Le han propuesto desde un ayuntamiento crear la identidad visual para un festival de música independiente que se celebrará en la ciudad. Deberá crear una variedad de materiales gráficos para promocionar el evento. Enumere los pasos que debería seguir.

SOLUCIÓN

▎ **Paso 1:** *briefing*

- **Nombre del festival:** Solsticio Sound
- **Público objetivo:** jóvenes entre 18 y 30 años, amantes de la música *indie, rock* alternativo y electrónica.
- **Valores del festival:** música en vivo, ambiente relajado, diversidad.

▎ **Paso 2: investigación**

- **Análisis** de la identidad visual de otros festivales similares.
- **Investigar** la cultura musical y las tendencias en diseño.

▎ **Paso 3: creación de la identidad visual**

- **Logotipo:** diseñar un logotipo que represente el festival.
- **Crear y elegir** la paleta de color, la tipografía y los elementos gráficos.

▎ **Paso 4: materiales gráficos**

- **Crear** el cartel principal, las publicaciones de redes sociales, la web, el *merchandising*.
- **Entrega:** presentar un dosier con toda la identidad visual creada.

9. Resumen

A disposición del diseñador gráfico hay muchas herramientas y técnicas que puede usar para construir imágenes editadas que sirvan a su proyecto gráfico.

El *collage* digital ha revolucionado el arte del *collage* tradicional, al ofrecer una libertad creativa sin límites. A diferencia del *collage* físico, el digital permite combinar una amplia gama de elementos visuales, desde fotografías y dibujos hasta tipografías y texturas, para crear composiciones únicas y personalizadas.

En cuanto a la edición de imágenes, es una disciplina esencial en el diseño gráfico que permite transformar una imagen original en una pieza visualmente atractiva y efectiva.

El fotomontaje es una técnica creativa que consiste en combinar diversas imágenes para crear una composición única. Este proceso implica una serie de técnicas que permiten manipular y transformar las fotografías para lograr el resultado deseado.

La ilustración, como disciplina artística, ha evolucionado a lo largo de los años y ha dado lugar a dos grandes ramas, la tradicional y la digital.

Las técnicas tradicionales se basan en el uso de materiales artísticos clásicos.

Por otro lado, la ilustración digital, apoyada en *software* especializado, como *Photoshop, Illustrator* y *Clip Studio Paint,* y en herramientas como las tabletas gráficas, ha revolucionado la forma de crear ilustraciones.

Los gráficos vectoriales ofrecen una serie de ventajas innegables en el diseño gráfico. Su principal característica es la escalabilidad sin pérdida de calidad, lo que los hace ideales para logotipos, iconos y otros elementos que requieran adaptarse a diferentes tamaños y resoluciones.

Las imágenes de mapa de bits son la base de la fotografía digital y se utilizan ampliamente en diseño gráfico y web.

Los programas de edición de imágenes, como *Photoshop,* ofrecen una amplia gama de herramientas para manipular y transformar estas imágenes.

Ejercicios de repaso y autoevaluación

1. ¿Qué diferencia existe entre el *collage* digital y el *collage* tradicional?

    a. El *collage* digital utiliza únicamente imágenes físicas.
    b. El *collage* tradicional ofrece una mayor libertad creativa.
    c. El *collage* digital permite trabajar con una amplia gama de recursos digitales.
    d. El *collage* tradicional es más fácil de editar y modificar.

2. Indique si la siguiente oración es verdadera o falsa: "La yuxtaposición es el uso de diferentes tamaños para crear jerarquía visual".

    ☐ Verdadero
    ☐ Falso

3. ¿Qué herramienta permite eliminar partes innecesarias de la imagen para centrar la atención en el sujeto principal?

    a. Escalado
    b. Deformación
    c. Recorte
    d. Perspectiva

4. Indique si la siguiente oración es verdadera o falsa: "El texto es un ejemplo de elemento gráfico que se puede añadir a una imagen".

    ☐ Verdadero
    ☐ Falso

5. ¿Cuál de las siguientes técnicas NO se utiliza para integrar fotografías en un diseño de fotomontaje?

    a. Recorte y encuadre
    b. Sangrado

    c. Impresión
    d. Silueteado

6. Indique si la siguiente oración es verdadera o falsa: "El fotomontaje consiste en la integración de fotografías en un diseño para crear una nueva imagen".

    ☐ Verdadero
    ☐ Falso

7. ¿Qué tipo de ilustración se utiliza para representar fenómenos naturales, objetos o procesos de forma precisa y detallada?

    a. Ilustración editorial
    b. Ilustración publicitaria
    c. Ilustración científica
    d. Ilustración infantil

8. Indique si la siguiente oración es verdadera o falsa: "La ilustración infantil suele tener un estilo visual realista y detallado".

    ☐ Verdadero
    ☐ Falso

9. ¿Qué herramienta permite a los artistas dibujar directamente en la pantalla del ordenador y ofrece una experiencia de dibujo mucho más natural y precisa?

    a. *Photoshop*
    b. *Illustrator*
    c. *Clip Studio Paint*
    d. Tableta gráfica

10. Indique si la siguiente oración es verdadera o falsa: *"Photoshop* está especializado en gráficos vectoriales, lo que lo hace ideal para ilustraciones con líneas limpias y escalables".

    ☐ Verdadero
    ☐ Falso

11. ¿Cuál de las siguientes NO es una ventaja de los gráficos vectoriales frente a los gráficos de mapa de bits?

    a. Escalabilidad sin pérdida de calidad
    b. Menor tamaño de archivo
    c. Mayor facilidad de edición
    d. Mayor precisión en la representación de detalles

12. Indique si la siguiente oración es verdadera o falsa: "La curva de Bézier es una herramienta que permite crear líneas suaves y precisas en un programa de diseño vectorial".

    ☐ Verdadero
    ☐ Falso

13. ¿Qué característica diferencia a las imágenes de mapa de bits de los gráficos vectoriales?

    a. Almacenan información de color para cada píxel.
    b. Se escalan sin perder calidad.
    c. Se basan en fórmulas matemáticas para definir líneas y formas.
    d. Permiten trabajar con capas.

14. Indique si la siguiente oración es verdadera o falsa: "Las capas en los programas de edición de imágenes permiten trabajar en diferentes elementos de una imagen de forma independiente".

    ☐ Verdadero
    ☐ Falso

15. ¿Cuál de las siguientes NO es una característica principal de los programas de edición de imágenes?

    a. Trabajo con capas
    b. Herramientas de selección
    c. Pinceles que simulan herramientas de dibujo tradicionales
    d. Creación de gráficos vectoriales

Capítulo 4

Gestión de la propiedad intelectual en imágenes

Contenido

1. Introducción
2. Normativa de aplicación
3. Cómo registrar las imágenes propias
4. Derechos de reproducción y uso
5. Derechos de manipulación
6. *Creative Commons*
7. Resumen

1. Introducción

El mundo de la creación visual, sea fotografía, ilustración o diseño gráfico, se encuentra estrechamente vinculado con la propiedad intelectual. Cada imagen, cada diseño, cada obra artística es fruto de la imaginación y el esfuerzo de un creador y, por tanto, merece ser protegida. Por tanto, se han de conocer las herramientas necesarias para comprender y salvaguardar los derechos como autor.

Se explorarán conceptos como el derecho de reproducción, que otorga el poder exclusivo de controlar la copia de las obras, y la titularidad de los derechos, que permitirán identificar quién es el propietario legítimo de una imagen, además de cómo funcionan las licencias de uso, una herramienta esencial para compartir el trabajo con otros, estableciendo las condiciones bajo las cuales se pueden utilizar.

Entender las excepciones y limitaciones a los derechos de autor permite tomar decisiones informadas y evitar conflictos legales.

2. Normativa de aplicación

Esta normativa se encarga de establecer el marco legal que regula la creación, protección y explotación de las obras intelectuales, es decir, define los derechos que tienen los autores sobre sus creaciones y las limitaciones a esos derechos.

Existe normativa nacional e internacional para regularlo. A continuación, se analizarán ambas.

2.1. Marco legal internacional

A nivel internacional, existen tratados y acuerdos que establecen los estándares mínimos de protección de la propiedad intelectual. El más importante es la Convención de Berna.

La Convención de Berna para la Protección de las Obras Literarias y Artísticas es el tratado internacional más antiguo. Es ampliamente ratificado en el ámbito de los derechos de autor. Adoptada en 1886, ha sido revisada en numerosas ocasiones para adaptarse a los cambios tecnológicos y a las nuevas formas de creación y difusión de las obras.

El principal objetivo de la Convención de Berna es establecer una protección internacional mínima para las obras literarias y artísticas. Busca garantizar que los creadores de estas obras disfruten de ciertos derechos exclusivos en todos los países que se hayan adherido a la Convención de Berna, independientemente de su nacionalidad.

Los **principios fundamentales** de la convención son:

- **Nacionalidad de la obra:** la protección se otorga a las obras nacionales y a las obras de autores extranjeros que cumplan ciertos requisitos.
- **Trato nacional:** los autores extranjeros reciben en cada país miembro al menos la misma protección que se otorga a los autores nacionales.
- **Protección automática:** la protección se otorga automáticamente a las obras protegidas en el país de origen, sin necesidad de registro o formalidad alguna.
- **Independencia de la protección:** la protección otorgada por la Convención es independiente de la existencia o del contenido de la protección otorgada en el país de origen.

La Convención otorga a los autores una serie de derechos exclusivos, entre los que destacan:

- **Derecho de reproducción:** es el derecho exclusivo de autorizar la copia de la obra por cualquier medio o forma.
- **Derecho de distribución:** es el derecho exclusivo de autorizar la puesta a disposición del público del original o copias de la obra.
- **Derecho de comunicación pública:** es el derecho exclusivo de autorizar la comunicación al público de la obra, por ejemplo, mediante una representación, una emisión o una puesta a disposición en línea.

- **Derecho de adaptación:** es el derecho exclusivo de autorizar la transformación de la obra en otra obra, como una traducción, una adaptación cinematográfica o una obra derivada.

Importante

La Convención de Berna ha desempeñado un papel fundamental en la protección de los derechos de autor a nivel internacional. Al establecer un marco legal común, ha facilitado el comercio internacional de obras protegidas y ha promovido la creación y la difusión de la cultura.

2.2. Marco legal nacional: Ley de Propiedad Intelectual

La Ley de Propiedad Intelectual española (LPI) es la norma que regula los derechos de autor y los derechos afines en nuestro país. En lo que respecta a las imágenes, esta ley establece un marco jurídico sólido para proteger las creaciones visuales, ya sean fotografías, pinturas, dibujos, esculturas, gráficos, etc.

El Real Decreto Legislativo 1/1996, de 12 de abril, es una pieza fundamental en el marco jurídico español para regular la propiedad intelectual[1]. Conocido comúnmente como Ley de Propiedad Intelectual, este decreto consolida, actualiza y armoniza la normativa existente en esta materia, estableciendo los derechos y obligaciones de los creadores y usuarios de obras literarias, artísticas y científicas.

En esencia, la Ley de Propiedad Intelectual tiene como objetivo proteger las creaciones originales de las personas, garantizando que los autores puedan disfrutar de los frutos de su trabajo y que sus obras sean utilizadas de manera justa y respetuosa.

Aspectos clave de la LPI en relación con las imágenes

Las imágenes, como cualquier creación original, están protegidas por la LPI. Este marco legal define los derechos exclusivos de los autores y establece las excepciones y limitaciones a esos derechos:

- **Concepto de obra:** la LPI define *obra* como "toda creación original literaria, artística o científica expresada por cualquier medio o soporte". Las imágenes, al ser el resultado de una creación original, entran dentro de este concepto.
- **Derechos del autor:** el autor de una imagen tiene una serie de derechos exclusivos, entre los que destacan:

  - **Derecho de reproducción:** el autor tiene el derecho exclusivo de reproducir su obra, ya sea en formato físico o digital.
  - **Derecho de distribución:** el autor tiene el derecho exclusivo de poner la obra a disposición del público.
  - **Derecho de comunicación pública:** el autor tiene el derecho exclusivo de comunicar la obra al público, por ejemplo, a través de una exposición, una proyección o una publicación en internet.
  - **Derecho de transformación:** el autor tiene el derecho exclusivo de transformar la obra en otra obra, como una adaptación o una obra derivada.
  - **Duración de la protección:** los derechos de autor sobre una imagen duran toda la vida del autor más 70 años después de su fallecimiento.
  - **Excepciones y limitaciones:** la LPI establece una serie de excepciones y limitaciones al derecho de autor, como el uso justo, la cita, la parodia, etc. Estas excepciones permiten usos legítimos de obras protegidas sin autorización del autor.
  - **Protección de las imágenes en el entorno digital:** la LPI también se aplica a las imágenes digitales y establece normas específicas para protegerlas, como la prohibición de la copia no autorizada y la distribución ilícita.

Aspectos que tener en cuenta en relación con las imágenes

Al crear y utilizar imágenes, es fundamental comprender ciertos aspectos en cuanto a los derechos de autor:

- **Autoría:** es fundamental poder identificar al autor de una imagen para hacer valer sus derechos.
- **Prueba de creación:** es recomendable tener pruebas que demuestren la fecha de creación de una imagen, como bocetos, archivos digitales o testimonios.
- **Registro:** aunque el registro no es obligatorio para que una obra esté protegida por el derecho de autor, puede ser útil como prueba de la autoría y la fecha de creación.
- **Licencias:** los autores pueden conceder licencias de uso de sus imágenes a terceros, estableciendo las condiciones de uso y explotación de estas.
- ***Infringement:*** la utilización de una imagen sin autorización del autor constituye una infracción de los derechos de autor y puede dar lugar a responsabilidades civiles y penales.

 Actividades

1. Un hotel utiliza una fotografía panorámica de una playa famosa, tomada por un fotógrafo profesional, publicada en su sitio web. ¿Considera que el hotel infringe los derechos de autor del fotógrafo? ¿Por qué?

3. Cómo registrar las imágenes propias

El registro de una imagen en la propiedad intelectual es un proceso que, aunque no es obligatorio para que una obra esté protegida por el derecho de autor, ofrece una serie de ventajas.

3.1. Registro de la Propiedad Intelectual

El Registro de la Propiedad Intelectual es un organismo público encargado de inscribir los títulos de propiedad industrial y de autor. Al registrar una obra, se genera un documento oficial que acredita su autoría y la fecha de creación.

Los requisitos para registrar una imagen pueden variar ligeramente, dependiendo del tipo de registro y del país. Generalmente se solicitan los siguientes **documentos:**

- **Solicitud formal:** es un formulario específico que debe ser cumplimentado con los datos del solicitante, título de la obra, descripción detallada, etc.
- **Copia de la obra:** es una representación fiel de la imagen, ya sea en formato físico o digital.
- **Justificante de pago** de las tasas correspondientes.

Algunas de las **ventajas** del registro son:

- **Prueba de autoría y fecha de creación:** el registro constituye una prueba fehaciente de que el solicitante es el autor de la obra y de la fecha en que fue creada.
- **Presunción de titularidad:** se presume que el titular del registro es el legítimo propietario de los derechos de autor.
- **Facilita la defensa en caso de infracción:** en caso de litigio, el registro puede ser una prueba valiosa para demostrar la titularidad de los derechos y reclamar una indemnización por daños y perjuicios.
- **Mayor visibilidad:** el registro puede dar mayor visibilidad a la obra, especialmente si se trata de una obra de carácter comercial.

Por su parte, algunos de los **inconvenientes** son:

- **Costes:** el registro conlleva unos costes asociados al pago de las tasas correspondientes.

- **No es obligatorio:** el derecho de autor surge automáticamente con la creación de la obra, por lo que el registro no es estrictamente necesario para protegerla.
- **No garantiza la exclusividad absoluta:** el registro no impide que otra persona cree una obra similar de forma independiente.

Tipos de registro

El tipo de registro que se debe solicitar dependerá de las características de la imagen y de la protección que se desee obtener. Algunos de los **tipos de registro** son:

- **Obra fotográfica:** se registra como una obra artística y protege la expresión original de la fotografía.
- **Diseño industrial:** si la imagen tiene un carácter industrial, es decir, si se utiliza para identificar y distinguir productos en el mercado, se puede registrar como diseño industrial.
- **Marca:** si la imagen se utiliza como signo distintivo de una empresa o producto, se puede registrar como marca.
- **Derecho de autor:** el registro del derecho de autor protege la expresión original de la obra, independientemente de su finalidad.

 Nota

Si bien la Sociedad General de Autores y Editores (SGAE) es más conocida por su gestión de derechos en la industria musical y audiovisual, su ámbito de actuación se extiende también a ciertas áreas del diseño gráfico. Por ejemplo, cuando un diseñador incorpora elementos visuales protegidos por derechos de autor, como una obra de arte o una fotografía, en sus proyectos, podría verse involucrado en las gestiones que realiza la SGAE.

Actividades

2. Usted es ilustrador *freelance* y ha creado una serie de ilustraciones para un cliente. Una vez finalizado el proyecto, decide utilizar una de esas ilustraciones como logotipo para su propio estudio de diseño. ¿Qué pasos debería seguir para registrar esa ilustración como logotipo?

4. Derechos de reproducción y uso

El derecho de reproducción es uno de los derechos exclusivos que otorga la ley al autor de una obra. Este derecho le confiere el poder de controlar la copia de su obra, ya sea en su totalidad o en parte, en cualquier forma o formato.

La **reproducción** puede ser:

EXACTA
Se trata de una copia idéntica de la obra original, sin ninguna alteración.

MODIFICADA
Implica la creación de una nueva obra a partir de la original, introduciendo cambios o variaciones. Esto puede incluir adaptaciones, traducciones, arreglos, etc.

La reproducción puede llevarse a cabo en diferentes **formatos:**

- **Formatos digitales,** como archivos electrónicos, como imágenes, documentos, música, vídeos, etc. La reproducción digital facilita la copia y distribución de las obras, lo que plantea nuevos desafíos en materia de protección de los derechos de autor.
- **Formatos analógicos,** como obras impresas, grabaciones sonoras en soportes físicos, etc. La reproducción en formatos analógicos ha sido tradicionalmente más limitada, pero sigue siendo relevante.

 **Importante**

El derecho de reproducción tiene importantes implicaciones tanto para los autores como para los usuarios de las obras.

Este derecho permite a los autores controlar la explotación comercial de sus obras y obtener una remuneración por su uso. Para los usuarios limita el uso de las obras protegidas sin autorización del autor, lo que puede restringir el acceso a la cultura y la información.

Existen ciertas **excepciones al derecho de reproducción** que permiten el uso de obras protegidas sin autorización del autor en determinados casos, como pueden ser:

- **Uso justo:** permite el uso de pequeñas porciones de una obra para fines como la crítica, la investigación o la docencia.
- **Cita:** permite reproducir fragmentos de una obra para citarla o comentarla.
- **Parodia:** permite la creación de obras cómicas que ridiculizan una obra original.

4.1. Titularidad de los derechos

La titularidad de los derechos sobre una imagen determina quién tiene el poder de decidir cómo se utiliza y se explota. Es esencial comprender este concepto para evitar infringir los derechos de autor y para poder utilizar las imágenes de manera legal.

Generalmente, el **autor de una imagen** es la persona que ha concebido y creado la obra original. Esto incluye tanto a fotógrafos como a ilustradores, diseñadores gráficos, etc.

Es importante contar con pruebas que demuestren la autoría de una imagen, como contratos, bocetos, archivos digitales o testimonios.

En el caso de las obras creadas por encargo, la titularidad de los derechos puede variar según lo establecido en el contrato. Si no hay un acuerdo expreso, se presume que el autor de la obra es el creador material, aunque los derechos económicos puedan pertenecer al cliente.

Cesión de derechos

La cesión de derechos es un acto jurídico mediante el cual el autor de una imagen transfiere a un tercero la titularidad de algunos o todos sus derechos sobre la obra.

Los **tipos de cesión de derechos** son:

- **Cesión total:** el autor cede todos sus derechos sobre la obra.
- **Cesión parcial:** el autor cede solo algunos de sus derechos, como el derecho de reproducción o el derecho de distribución.
- **Formalidades:** la cesión de derechos debe realizarse por escrito y, preferiblemente, con la intervención de un notario.
- **Alcance de la cesión:** es fundamental definir con precisión el alcance de la cesión, indicando los derechos cedidos, el territorio en el que se ejercerán, la duración de la cesión, etc.

Licencias de uso

Las licencias de uso son acuerdos que permiten a terceros utilizar una obra protegida por derechos de autor en determinadas condiciones. Existen diferentes **tipos de licencia:**

- **Licencias exclusivas:** conceden al licenciatario el derecho exclusivo de utilizar la obra en un territorio determinado y durante un período de tiempo específico.
- **Licencias no exclusivas:** permiten que el autor conceda licencias a múltiples usuarios.

- **Licencias _Creative Commons_:** son un conjunto de licencias estándar que permiten compartir y utilizar obras creativas de manera gratuita, pero con ciertas restricciones.

Estas licencias permiten adaptar la explotación de una obra a las necesidades de cada caso. En cuanto a promoción de la cultura, las licencias _Creative Commons_ facilitan la difusión y el acceso a las obras creativas. Las licencias de uso proporcionan claridad sobre los derechos y obligaciones de las partes involucradas.

Limitaciones al derecho de uso

El derecho de reproducción, inherente a la propiedad intelectual, no es absoluto. Existen límites legales que permiten el uso de obras protegidas, sin requerir autorización expresa del autor, siempre y cuando se cumplan ciertos requisitos.

El **uso justo,** por ejemplo, permite utilizar fragmentos de una obra con fines como la crítica, la investigación o la docencia, siempre que no se perjudique el mercado de la obra original. Las **citas y reseñas** también son excepciones reconocidas; permiten reproducir pequeños fragmentos para analizar o comentar una obra, siempre y cuando se cite la fuente. La **parodia** y la **sátira,** por su parte, permiten crear nuevas obras basadas en otras existentes con fines humorísticos o críticos, siempre que se transforme la obra original y se conserven elementos reconocibles.

 Importante

Estas limitaciones tienen como objetivo equilibrar los derechos de los autores con el interés público en el acceso a la cultura y la información. Su aplicación puede variar según la legislación de cada país y las circunstancias particulares de cada caso.

Actividades

3. Imagine que alguien utiliza fotografías de *influencers* o *bloggers* de moda. ¿Quién posee los derechos de autor de una fotografía publicada en una red social? ¿Es legal utilizar una fotografía de un *influencer* sin su permiso para promocionar un producto?

Aplicación práctica

Imagine que es diseñador gráfico y que le encargan montar una campaña publicitaria para una nueva marca de café de especialidad. Cree un *moodboard* digital para crear un tablero de inspiración visual. Busque imágenes en plataformas de imágenes gratuitas con licencia de uso comercial. Busque imágenes que representen los siguientes conceptos:

▮ **Ambiente: lugares acogedores, cafeterías, granos de café, etc.**
▮ **Estilo: minimalista, *vintage*, moderno, etc.**
▮ **Emociones: calidez, energía, relajación, etc.**

SOLUCIÓN

▮ **Paso 1. Elija las imágenes**

  ▮ Elija imágenes en bancos de imágenes que se relacionen con los conceptos marcados anteriormente.

▮ **Paso 2. Analice las licencias**

  ▮ Asegúrese de que las imágenes que elija para su *moodboard* tengan una licencia que permita su uso comercial.

▮ **Paso 3. Justifique sus elecciones**

  ▮ Para cada imagen, escriba una breve explicación de por qué la eligió y cómo se relaciona con el concepto de la marca de café.

5. Derechos de manipulación

Hay varias maneras de modificación de imágenes para que se considere manipulación:

- **Modificación del contenido:** se añaden, eliminan o modifican elementos de la imagen, como personas, objetos o fondos.
- **Alteración de la composición:** se cambia la disposición de los elementos dentro de la imagen.
- **Modificación de los colores:** se ajustan los tonos, contrastes y saturación de la imagen.
- **Deformación de la perspectiva:** se distorsiona la forma de los objetos o la perspectiva de la imagen.

Las herramientas de edición digital han revolucionado la forma en que se manipulan las imágenes. Algunos **ejemplos** de estas herramientas son: *software* de edición fotográfica como *Adobe Photoshop, GIMP,* etc.; aplicaciones móviles como *Instagram,* por ejemplo.

5.1. Derechos de autor y manipulación

La manipulación de una imagen plantea diversas cuestiones legales relacionadas con los derechos de autor:

- Una imagen manipulada puede considerarse una obra derivada de la original. Su creación puede estar protegida por derechos de autor.
- La autoría de una obra derivada puede ser compartida entre el autor de la obra original y el creador de la obra derivada.
- Las licencias de uso pueden limitar o prohibir la manipulación de una imagen.

La manipulación de imágenes tiene importantes **implicaciones** tanto **legales** como **éticas:**

- **Uso comercial:** la manipulación de una imagen con fines comerciales puede infringir los derechos de autor del autor original si no se cuenta con su autorización.
- **Protección de la identidad:** la manipulación de imágenes de personas puede vulnerar su derecho a la propia imagen.

 Actividades

4. ¿Quién posee los derechos de autor de una imagen generada por IA? ¿Existen restricciones legales para el uso de este tipo de imágenes? ¿Qué implicaciones éticas plantea el uso de imágenes generadas por IA? Investigue en internet y reflexione acerca de este tipo de imágenes tan reciente y que genera tanta controversia.

 Aplicación práctica

MenteZen se pone en contacto con usted porque necesita darle forma a su marca y lanzarse en redes sociales. Deberá crear su marca desde cero, desarrollando una identidad visual completa y una estrategia de *marketing* en redes sociales. Explique cómo seleccionaría las imágenes.

SOLUCIÓN

▌ Paso 1. Definir la marca

- **Nombre de la marca propuesta:** MenteZen
- **Público objetivo:** jóvenes adultos entre 18 y 30 años que buscan reducir el estrés, mejorar su bienestar mental y encontrar momentos de calma en su día a día.

Continúa en página siguiente >>

<< Viene de página anterior

ı **Valores de marca:** *mindfulness,* bienestar, conexión con uno mismo, positividad, comunidad.

ı **Paso 2. Identidad visual**

ı **Colores:** tonos pastel suaves (azul claro, lavanda, verde menta) para transmitir calma y tranquilidad.
ı **Tipografía:** una tipografía sans-serif limpia y moderna para reflejar la simplicidad y la accesibilidad de la aplicación.
ı **Iconografía:** símbolos relacionados con la naturaleza, la meditación y el bienestar (flores, mandalas, atardeceres).

ı **Paso 3. Imágenes que buscar**

ı Personas jóvenes meditando en entornos naturales. Imágenes de amaneceres y atardeceres. Mandalas y otros símbolos relacionados con la meditación. Plantas y flores. Ciudades relajantes y espacios verdes.
ı Las imágenes deberán reflejar la estética y los valores de la marca.

6. *Creative Commons*

Tradicionalmente la creación intelectual, como las obras literarias, artísticas o científicas, está protegida por los derechos de autor. Esto otorga al creador un monopolio sobre su obra y le permite que solo él o quien haya adquirido sus derechos pueda explotarla comercialmente. Cualquier uso no autorizado constituye una infracción a la Ley de Propiedad Intelectual.

Sin embargo, en las últimas décadas ha surgido un movimiento conocido como cultura libre que promueve un enfoque distinto. Este movimiento aboga por las licencias libres, como las *Creative Commons,* que permiten a los creadores compartir sus obras siguiendo términos específicos, lo que facilita su reutilización y modificación por parte de terceros. Este concepto, originario del movimiento del *software* libre, busca contrarrestar la rigidez de los derechos de autor tradicionales y fomentar la colaboración y el intercambio de conocimiento.

Nota

Estas licencias ofrecen una alternativa flexible al modelo tradicional de propiedad intelectual, pues permiten a los autores elegir cómo desean que se utilice su trabajo, sin renunciar por completo a sus derechos.

Las licencias *Creative Commons* son un conjunto de condiciones que los creadores pueden aplicar a sus obras para permitir su uso y distribución gratuita, pero con ciertas reservas. Estas condiciones se basan en cuatro **pilares** fundamentales:

- **Reconocimiento (BY):** se exige dar crédito al autor de la obra en cualquier uso que se haga de ella.
- **No comercial (NC):** la obra no puede ser utilizada con fines comerciales.
- **Sin obras derivadas (ND):** no se permite modificar la obra original para crear una nueva.
- **Compartir igual (SA):** las obras derivadas deben compartirse bajo la misma licencia *Creative Commons* que la obra original.

Importante

El autor puede elegir la combinación de estas condiciones que mejor se adapte a sus necesidades.

6.1. Licencias *Creative Commons*

Las licencias *Creative Commons* (CC) son un conjunto de condiciones que los creadores pueden aplicar a sus obras para permitir su uso y distribución gratuita, pero con ciertas reservas. Existen seis **tipos** principales de estas licencias:

- **Reconocimiento (BY):** permite cualquier uso de la obra, incluyendo fines comerciales y obras derivadas, siempre que se reconozca al autor.
- **Reconocimiento-no comercial (BY-NC):** permite cualquier uso no comercial de la obra y la creación de obras derivadas no comerciales, siempre que se reconozca al autor.
- **Reconocimiento-no comercial-compartir igual (BY-NC-SA):** permite cualquier uso no comercial de la obra y la creación de obras derivadas no comerciales que deben compartirse bajo la misma licencia.
- **Reconocimiento-no comercial-sin obra derivada (BY-NC-ND):** la obra solo puede usarse sin fines comerciales y en su formato original.
- **Reconocimiento-compartir igual (BY-SA):** permite cualquier uso, incluyendo fines comerciales, pero las obras derivadas deben compartirse bajo la misma licencia.
- **Reconocimiento-sin obra derivada (BY-ND):** permite cualquier uso, incluyendo fines comerciales, pero la obra no puede modificarse.

 Actividades

5. Imagine que está diseñando un folleto para un evento cultural. ¿Qué tipo de licencia *Creative Commons* elegiría para las imágenes que use? Explique su razonamiento.
6. Es usted diseñador gráfico y ha colaborado con un fotógrafo para crear una serie de ilustraciones de un libro infantil. El fotógrafo proporcionó las imágenes originales y usted se encargó de la ilustración y el diseño. ¿Quién posee los derechos de autor sobre la obra final?

7. Resumen

La normativa sobre propiedad intelectual, a nivel internacional y nacional, establece un marco legal sólido para proteger las creaciones originales, incluyendo las imágenes.

A nivel internacional, la Convención de Berna es el tratado más importante, garantiza una protección mínima a los autores en todos los países miembros.

En España, la Ley de Propiedad Intelectual complementa esta protección al definir los derechos de los autores sobre las imágenes y establecer excepciones y limitaciones al derecho de autor.

El derecho de reproducción otorga al creador de una obra el poder exclusivo de controlar la copia de su obra, ya sea en su totalidad o en parte, en cualquier formato (digital o analógico).

Por su parte, la titularidad de los derechos sobre una imagen es crucial. Generalmente, el autor original es el titular, pero pueden existir acuerdos de cesión de derechos entre el autor y un tercero.

Las licencias de uso permiten a terceros utilizar una obra respetando ciertas condiciones. Existen diferentes tipos de licencias, como las licencias exclusivas y las licencias *Creative Commons.*

Ejercicios de repaso y autoevaluación

1. ¿Cuál es el principal objetivo de la Convención de Berna?

    a. Establecer un mercado común para las obras artísticas.
    b. Proteger los derechos de autor a nivel internacional.
    c. Regular el comercio de obras protegidas.
    d. Fomentar la creación de obras derivadas.

2. Indique si la siguiente oración es verdadera o falsa: "La Ley de Propiedad Intelectual española protege tanto las obras físicas como las digitales".

    ☐ Verdadero
    ☐ Falso

3. ¿Cuál es la duración de los derechos de autor sobre una imagen según la Ley de Propiedad Intelectual española?

    a. 50 años desde la publicación.
    b. 70 años desde la muerte del autor.
    c. Toda la vida del autor más 50 años.
    d. Indefinida, siempre que se renueve el registro.

4. ¿Cuál es la principal ventaja de registrar una imagen en la Propiedad Intelectual?

    a. Hacer que la obra sea incopiable.
    b. Obtener un monopolio sobre el tema de la imagen.
    c. Probar la autoría y fecha de creación.
    d. Aumentar automáticamente el valor comercial de la obra.

5. Indique si la siguiente oración es verdadera o falsa: "La fecha de creación de una imagen es un elemento importante a la hora de registrarla".

    ☐ Verdadero
    ☐ Falso

6. ¿Cuál de las siguientes afirmaciones es incorrecta sobre el registro de una imagen?

    a. El registro es obligatorio para proteger una obra.
    b. El registro puede facilitar la defensa en caso de plagio.
    c. El registro genera un documento oficial que acredita la autoría.
    d. El registro puede dar mayor visibilidad a la obra.

7. ¿Qué significa el derecho de reproducción para un autor?

    a. La obligación de reproducir su obra en diferentes formatos.
    b. El derecho a impedir que otros copien su obra sin autorización.
    c. La posibilidad de modificar su obra cuantas veces quiera.
    d. El derecho a vender su obra a cualquier precio.

8. Indique si la siguiente oración es verdadera o falsa: "Las licencias de uso son acuerdos que establecen las condiciones de utilización de una obra protegida".

    ☐ Verdadero
    ☐ Falso

9. ¿Cuál de las siguientes opciones NO es un tipo de reproducción de una obra?

    a. Exacta
    b. Modificada
    c. Original
    d. Digital

10. Si se crea una nueva imagen a partir de una existente, añadiendo elementos y modificando la composición, ¿qué tipo de obra se considera que es?

    a. Una copia exacta
    b. Una obra modificada
    c. Una obra original independiente
    d. Una infracción de los derechos de autor

11. Indique si la siguiente oración es verdadera o falsa: "La autoría de una obra derivada siempre pertenece al creador de la obra original".

    ☐ Verdadero
    ☐ Falso

12. Indique si la siguiente oración es verdadera o falsa: "La manipulación de imágenes nunca tiene consecuencias legales".

    ☐ Verdadero
    ☐ Falso

13. ¿Cuál es el principal objetivo de las licencias *Creative Commons?*

    a. Restringir el uso de las obras creativas.
    b. Proteger los derechos de autor de forma más estricta.
    c. Facilitar el acceso y la reutilización de las obras creativas.
    d. Eliminar por completo los derechos de autor.

14. ¿Cuál es la diferencia entre una licencia BY-NC-SA y una licencia BY-NC-ND?

    a. La primera permite la creación de obras derivadas.
    b. La segunda permite el uso comercial.
    c. La primera no requiere reconocimiento al autor.
    d. La segunda permite modificar la obra original.

15. Indique si la siguiente oración es verdadera o falsa: "Las licencias *Creative Commons* fomentan la colaboración y el intercambio de conocimiento".

    ☐ Verdadero
    ☐ Falso

Bibliografía

Monografías

❚ AMBROSE, G. y HARRIS, P.: *Fundamentos del diseño creativo.* Barcelona: Parramón, 2004.

❚ LÓPEZ, A.: *Curso diseño gráfico. Fundamentos y técnicas.* Madrid: Anaya, 2013.

❚ OCHOA, L.: *Illustrator CS6.* Buenos Aires: Fox Andina, 2013.

❚ PESIS, H.: *Photoshop profesional.* Buenos Aires: Fox Andina, 2013.

❚ RAFOLS, R. y COLOMER, A.: *Diseño audiovisual.* Barcelona: GG diseño, 2003.

❚ VILLAFAÑA, G.: *Educación visual conceptos básicos para el diseño.* México: Trillas, 2007.

Textos electrónicos, bases de datos y programas informáticos

❚ *Creative Commons,* de: <https://creativecommons.org/share-your-work/cclicenses/>.

❚ Conoce los derechos de autor, de: <https://www.upo.es/biblioteca/servicios/pubdig/propiedadintelectual/tutoriales/derechos_autor/htm_12.htm>.

❚ Los derechos sobre las fotografías y sus limitaciones, de: <https://www.cultura.gob.es/planes-nacionales/eu/dam/jcr:f5e2a630-b206-45fe-99ae-7b5bfd6da892/los-derechos-sobre-las-fotografias-y-sus-limitaciones.pdf>.